LA BANDA DE

PICA PAU

Fotografía: Yan Schenkel y Matías Gorostegui
Ilustraciones: Yan Schenkel
Diseño gráfico: Bosque Estudio y Meteoor Books

Diseño de la cubierta: Yan Schenkel

1ª edición, 7ª tirada, 2021

Printed in Spain
ISBN: 978-84-252-3076-9
Depósito legal: B. 29309-2017
Impresión: Gráficas 94, Sant Quirze del Vallès
(Barcelona)

Editorial GG, SL
Via Laietana 47, 3.º 2.ª, 08003 Barcelona, España.
Tel.: (+34) 93 322 81 61
www.editorialgg.com

20 DIVERTIDOS AMIGURUMIS DE

Yan Schenkel

LA BANDA DE

PiCa PaU

ÍNDICE

INTRODUCCIÓN

Crochet, libros y otras locuras.

Naturalmente, no nací sabiendo tejer a crochet. Tampoco tuve la suerte de crecer en pleno auge de internet. Sin embargo, podríamos decir que tuve un poco de suerte a medias. Crecí rodeada de lanas, hilos, agujas, lápices, cuadernos y cajas repletas de maravillosos tesoros. Mi madre, brasileña, solía anotarse en cuanta actividad *craft* se pusiera de moda. Era finales de la década de 1980, las modas perduraban un poco más en el tiempo, pero eran prácticamente las mismas que ahora (¡pero sin Pinterest!).

Mi madre cosía ropa, bordaba parches, tejía pullovers, hacía telares e incluso canastas. También tejía un poco a crochet, pero solo puntillas que ponía (y sigue poniendo) en absolutamente cada toalla que teníamos en la casa. Mi madre solía hacer muchas cosas, pero nunca tuvo paciencia para enseñar. Y yo no tenía la capacidad de quedarme quieta ni un segundo ante la imperiosa necesidad de aprender algo, característica que aún conservo. Le sacaba (robaba) hilos, lanas y agujas para intentar imitar lo que hacía. Elegía diferentes hilados, los combinaba y hacía paletas de colores para futuros proyectos que nunca veían la luz del día, pero disfrutaba tanto imaginándolos que no necesitaba mucho más.

Hasta que un día, supongo que cansada de mi insistencia y de la ausencia cada vez más evidente de sus materiales, mi madre me dejó hurgar entre sus preciados libros y revistas de tejido. Y me perdí, con ganas, en sus fascinantes dibujos, textos indescifrablemente mágicos y las mil maravillas que se podían hacer con agujas e hilo.
Con práctica, mucha perseverancia y un notable nivel de testarudez, terminé aprendiendo a tejer, pero solo con dos agujas. Y siempre y cuando mi madre montara los puntos iniciales. En ese entonces, veía el crochet como una actividad que solo servía para decorar cosas poco interesantes de la casa, cosas de mamá y abuela.

Pasaron unos años hasta que tuve, por primera vez, una aguja de crochet en mis manos. Estaba cursando Bellas Artes y tenía una amiga que tejía bolsos, gorros y bufandas entre cursadas. Por primera vez vi el crochet como una técnica que valía la pena aprender. Para no traicionar mi suerte a medias, mi amiga tampoco tenía paciencia para enseñar. Así que volví a los libros de mi madre, esta vez en busca de la parte que siempre me había saltado: los dibujos intrincados de esos nudos imposibles con nombres en francés y aplicaciones de gusto cuestionable.
Así, con mi testarudez intacta y haciendo un gran esfuerzo para entender esos casi jeroglíficos, aprendí a tejer. Algo. Logré tejer algunas piezas (bolsas y bufandas con puntos medio inventados), pero realmente nunca "amé" el crochet en sí mismo. Lo hacía para pasar el tiempo, tejiendo y destejiendo para empezarlo todo otra vez. Lo sé, es difícil de creer, pero no siempre tuvimos *smartphones* e internet.

Mientras tanto, seguía tejiendo a dos agujas, técnica que adoro y que, personalmente, me gusta más –¡oh, sacrilegio!–, pero que me deja con un tremendo dolor de espalda. En aquel entonces, hace más de diez años, le solía tejer bufandas y sweaters a mi hijo mayor, Simón. Una de esas bufandas me había quedado demasiado corta y, como no conseguía el mismo tono de hilado, le tejí a crochet una especie de botón con forma de oso.
Objetivamente, y a distancia, es un oso horrible. Pero en ese momento había quedado maravillada. No solo había tejido mi primer muñeco a crochet, sino que había descubierto lo que me apasionaba tejer: muñecos a crochet.

Y no me detuve más. Pocos años después, ese *hobby* imprevisto, lentamente y sin intención, se transformó en mi trabajo de tiempo completo, mi profesión. Tan loca idea como me parecía –y me sigue pareciendo–, terminé siendo tejedora profesional, diseñadora de personajes y hacedora de juguetes. Y, como si ya no fuese lo suficientemente increíble, seis años después de haber tejido mi primer muñeco estaba escribiendo mi primer libro.

Terminé de escribir *El mundo de Pica Pau* en 2015. Escribir ese primer libro fue casi una locura, mi forma de cerrar un largo capítulo que había comenzado con mis primeros muñecos de crochet en 2009. Y, sin lugar a dudas, fue la experiencia más increíble, desafiante, estresante y gratificante de mi vida profesional.
Si aman los libros tanto como yo, o aunque sea la mitad, probablemente entiendan a lo que me refiero: escribir un libro (aunque sea un libro de muñecos de crochet) es algo realmente GRANDE, y no podía sentirme más feliz.

Como sucede siempre en la vida, un par de meses después de que el libro fuese publicado, me crucé con unos cuantos baches por el camino. Nada demasiado catastrófico (aunque se sintiera así en el momento), pero suficiente como para dejarme un nudo en la garganta y un agujero en el estómago.
Afortunadamente, como también acontece en la vida, el tiempo pasó y las malas experiencias se convirtieron en el motor de nuevas ideas, transformadas en ese impulso que muchas veces necesitamos para seguir adelante.

Así que, un año más tarde, decidí que era hora de comenzar un nuevo capítulo: elegí un par de mis cuadernos preferidos, tomé mis lápices y empecé a dibujar los nuevos personajes para mi siguiente libro.
Tres cuadernos a rayas, dos cuadernos de bocetos y más de 60 prototipos después, otra locura se hizo realidad: el libro que están leyendo en este instante.
A diferencia del libro anterior, que tenía muñecos que venía tejiendo hacía años, la mayoría de los 20 personajes de este libro son nuevos, a estrenar, recién salidos del horno y especialmente pensados para que ustedes tejan.
Y, aunque son casi tan nuevos para ustedes como para mí, estos 20 nuevos personajes están, definitivamente, mucho más cerca de lo que me hubiese encantado tejer desde el principio.

Si son nuevos en el crochet, o si quieren refrescar algunas técnicas, también encontrarán una amplia introducción con fotos paso a paso sobre los conceptos básicos del crochet. Aunque es casi imposible condensar todo el conocimiento sobre los muñecos de crochet en un poco más de 50 páginas, espero que puedan usar esta introducción como guía, como brújula para navegar a través del enorme y vasto territorio que es el universo de los tutoriales de crochet en internet.

Y me leerán mil veces diciendo que no hay reglas estrictas e inquebrantables sobre puntos o técnicas.
Por eso, aquí intentaré mostrarles mi forma de hacer muñecos, mis trucos... y algunos hábitos un tanto cuestionables: sujeto la aguja como un cuchillo (cosa que se ve bastante mal en las fotos), hago algunos puntos de forma poco convencional, prefiero coser el hocico antes de rellenar el cuerpo del muñeco y no me termino de acostumbrar a la disminución "invisible". Pero esa soy yo. Siempre podrán encontrar otras maneras para lograr el mismo resultado o mejor.

Sinceramente, espero que disfruten haciendo estos muñecos tanto como yo. ¡No veo la hora de ver a todos mis personajes traídos a la vida por cada uno de ustedes!

¿Qué esperan? ¡Tomen la aguja y a tejer!

Este libro es para todos los que,
a pesar de los obstáculos,
siguen luchando para que
sus locuras se hagan realidad.

MATERIALES Y HERRAMIENTAS

Una de las características más interesantes del crochet es que solo necesitamos hilo y una pequeña aguja para empezar a trabajar.

Si ya tejen desde años, o tienen la maravillosa fortuna de tener tejedores en la familia, es más que probable que posean algún estuche repleto de agujas de varios tamaños y procedencias.

Si empezaron hace poco, pero ya tejieron todo lo que pudieron encontrar en internet, revistas y libros, es casi seguro que ya poseen algún set superbonito con mango ergonómico en colores pastel y de todos los tamaños habidos y por haber.

Pero, si van a introducirse en el mundo del crochet por primera vez y nunca tuvieron una aguja en sus manos, ¡no se asusten! A continuación, encontrarán una guía básica para adentrarse en el maravilloso universo de las agujas, los hilos y otros utensilios.

Siempre recuerden que las herramientas e hilados de buena calidad pueden ahorrarnos horas de frustración. Y las agujas de crochet y de coser tienen el hábito de perderse fácilmente: asegúrense de tener siempre alguna de repuesto, especialmente de aquellas que usan todo el tiempo (tengo más de diez repuestos de mi aguja de crochet favorita, quizás un poquito demasiado).

AGUJA DE CROCHET O GANCHO

El crochet es una técnica que permite crear tejidos mediante lazadas de hilo que se entrelazan una por encima de la otra, utilizando una pequeña vara con un gancho en la punta, la aguja de crochet. De hecho, el término *crochet* viene del francés y significa "gancho pequeño".

Aunque la aguja de crochet o gancho es la herramienta que nos permite realizar movimientos precisos, podríamos tejer usando solo nuestras manos. Sin ir más lejos, tejer con las manos es una técnica que se ha puesto muy en boga para hacer mantas con vellón de lana, es un excelente ejercicio para que los niños aprendan a tejer y sigue siendo el método con el cual se acortan cabos o se tejen algunas redes de pesca.

Pero si nuestra intención es hacer muñecos que podamos sostener con una mano, mejor hacerse con una de estas pequeñas agujas.

Cuando elijan una aguja de crochet, aparte del tamaño adecuado para el hilo, deben tener en cuenta que les sea confortable, ya que es muy probable que pasen largas horas tejiendo. Por ejemplo, en mi caso, como tomo la aguja como si fuese un cuchillo, prefiero usar las que no tienen mango ergonómico (algunas son tan grandes que se sienten bastante incomodas en mi mano).

No se asusten con la variedad, que tampoco es tantísima. Yo comencé a tejer con una aguja de crochet que le robé/heredé de mi madre: una 2,75 de acero inoxidable con la que tejí durante años, hasta que un día, después de darme todo un mundo de personajes, se quebró. La aguja pasó a su merecido descanso, aunque mi nostalgia me impidió deshacerme de ella (todavía la tengo guardada en una cajita). Luego vinieron otras. Todas 2,75 de acero inoxidable.

¿Por qué les cuento esto?

Porque creo que es mejor probar con una aguja antes de pedir un set completo. Las agujas son como las lapiceras, podemos escribir con cualquiera hasta que encontramos esa que nos cambia la vida. ¿Estoy exagerando? Un poquito, tal vez. No nos cambia la vida, pero con una buena lapicera nuestra letra sale como bailando sobre la superficie del papel. Lo mismo pasa con las agujas de crochet.

MORFOLOGÍA DE UNA AGUJA DE CROCHET

Punta: Extremo final de la aguja que insertamos en los puntos. Yo prefiero las de punta redondeada, ya que suelen deslizar mejor. Es fundamental que se aseguren de que la punta sea lisa, sin ninguna rebaba o aspereza, para que no enganche o separe las hebras del hilado que estén usando.

A pesar de que mi aguja de crochet preferida tiene la punta lisa, no puedo evitar clavármela constantemente en mi dedo índice izquierdo con cada puntada que doy. Si les pasa lo mismo, una solución es usar cinta adhesiva transparente alrededor del dedo. Y sí, es la respuesta a por qué van a ver tantas fotos con mi dedo encintado.

Garganta o cuello: Muesca (sección más entallada) donde engancha el hilo para pasarlo a través de los puntos y lazadas.

Espinilla: Área donde se trabajan los puntos. Su diámetro determina el tamaño de los puntos y es el tamaño real de la aguja.

Empuñadura o sostén: Parte más plana donde se apoyan los dedos para sostener la aguja. Algunas agujas ergonómicas no la tienen marcada o poseen un apoyo o agarre especial.

Mango: Extremo que queda sobre o dentro de la mano, dependiendo de cómo se sujete. Sirve para dar balance y le aporta cierto peso (al igual que una lapicera). Puede ser del mismo material que la aguja o de otro, ya sea para fines decorativos o ergonómicos.

TAMAÑOS/NUMERACIÓN

El tamaño de la aguja (su grosor) puede aparecer indicado de diferentes maneras, dependiendo del fabricante y del país de origen. Puede estar marcado con letras, en sistema métrico o hasta con una serie de ceros.

Como guía básica, cuanto más grueso es el hilo, más gruesa la aguja y más grande el punto. Si el tejido se ve muy apretado, es recomendable cambiar por una aguja un poco más gruesa. Y a la inversa, si el punto queda muy suelto o agujereado, es necesario una aguja más fina. El tamaño de la aguja debe ser el que les resulte confortable y les dé el resultado deseado. Es más sencillo cambiar el tamaño de la aguja de crochet que modificar la tensión que aplicamos (cuando tejemos, tendemos a poseer una "tensión natural").

A continuación, encontrarán los tres sistemas más usados: el sistema métrico, el sistema de Gran Bretaña y el de Estados Unidos.

CONVERSIONES DE LAS AGUJAS DE CROCHET

MÉTRICO	GRAN BRETAÑA	ESTADOS UNIDOS
2 mm	14	-
2,25 mm	13	B/1
2,5 mm	12	-
2,75 mm	-	C/2
3	11	-
3,25 mm	10	D/3
3,5 mm	9	E/4
3,75 mm	-	F/5
4 mm	8	G/6
4,5 mm	7	7
5 mm	6	H/8
5,5 mm	5	I/9
6	4	J/10
6,5 mm	3	K/10.5
7 mm	2	-
8 mm	0	L/11
9 mm	00	M/13
10 mm	000	N/15

Cuando se tejen muñecos, la aguja siempre debe ser más pequeña de lo indicado, ya que buscamos un tejido cerrado que no deje ver ni salir el relleno. Se calcula entre 1 y 1,5 mm menos de lo marcado en la madeja, pero es conveniente hacer una muestra.

MATERIALES

Antiguamente, las agujas de crochet solían ser de hueso, baquelita, vidrio y hasta de marfil (por suerte, estas últimas ya no se fabrican), con empuñaduras increíblemente ornamentadas con forma de animales o motivos florales. Hoy en día, los materiales más usados son los siguientes:
Acero inoxidable: Tradicionalmente, eran (y son) agujas para tejer encaje y puntillas. Casi todas las agujas por debajo de los 2,00 mm se fabrican en acero inoxidable por su firmeza. Las más pequeñas, hasta de 0,10 mm, solo se usan con hilo para encaje (que es casi hilo para coser o bordar). Las más gruesas, entre los 2,00 y los 3,5 mm son excelentes para tejer muñecos con hilado mediano. Y son mis preferidas.
Aluminio: Son livianas, deslizan muy bien entre los puntos y tienen el rango más amplio de numeración. Además, son adecuadas para cualquier tipo de hilado. Hay que tener cuidado con las agujas más finas (menores de 3,5 mm) o de dudosa calidad porque suelen doblarse si se les aplica mucha presión (cosa que pasa habitualmente cuando se tejen muñecos).
Madera/bambú: Son bellas y superdecorativas. Las de buena calidad suelen venir a partir de los 4 mm y son muy ligeras, ideales para trabajar hilados gruesos y lanas. Tengan precaución con las más delgadas, porque pueden quebrarse. Lo mismo sucede con las de poca calidad, que suelen tener un acabado algo áspero y no deslizan bien.
Plástico/acrílico: Comúnmente usadas para trabajar materiales más gruesos, como totora, trapillo o vellón de lana. Al igual que con las de madera, las más pequeñas pueden quebrarse con facilidad.

HILOS

Tradicionalmente, el crochet se tejía casi exclusivamente con hilados finísimos de algodón debido a que esta técnica se usaba para decorar objetos de la casa o prendas: puntillas, carpetitas, mantas y manteles, etc.
Sin embargo, hoy vemos que se puede tejer prácticamente con cualquier material que se pueda usar como hilo: pelo de animal, seda, nailon, poliéster, amianto, fibras vegetales, cuero y hasta bolsas plásticas, alambre o papel. Cada hilado tiene su uso ideal, sus pros y sus contras. Permítanse la increíble experiencia de probar con diferentes materiales. Es la mejor forma de aprender y encontrar lo que a cada uno le gusta y le sirve mejor. Lógicamente, siempre es recomendable tener en cuenta la intención de uso del producto terminado, tejer un muñeco de alambre para un bebé puede no ser la mejor idea.

FIBRAS NATURALES

Fibras de celulosa
Son los hilados compuestos por fibras vegetales. Dentro de los más comunes están el algodón, el lino, el jute, el rayón y el cáñamo. Pero también se obtienen fibras de la banana, el ananá, las palmeras, las plantas de bambú, etc.
Algodón: Probablemente, el algodón es la fibra vegetal más utilizada para tejer a crochet y, en mi opinión, la que da los mejores resultados a la hora de hacer un muñeco. Es un hilado muy durable y poco elástico, una característica más que deseable cuando se tejen muñecos porque mantiene mejor la forma. Además de ser hipoalergénico y muy suave al tacto (detalles importantes si estamos tejiendo para niños), el algodón es uno de los materiales con mayor rango de colores en el mercado. Uno de los contras es que, al no ser tan elástico, no desliza fácilmente en la aguja y, a veces, al ser un hilado formado por varias hebras, puede engancharse en la punta y deshilacharse. Por otro lado, y lamentablemente, la cosecha de algodón es una de las principales usuarias de pesticidas en el mundo. Idealmente, lo mejor es conseguir algodón orgánico, tarea todavía bastante difícil pero no imposible, especialmente si se lo comenzamos a exigir a nuestros proveedores.
Los hilados de algodón se pueden encontrar en variedad de presentaciones:
— **Rústico**, más opaco y económico, aunque puede venir con restos de semillas y hojitas (como si fuese algodón integral).
— **Peinado**, al que se le eliminan todas las impurezas y es procesado para obtener fibras más largas, por lo que da como resultado un hilado más durable, suave y con mayor fluidez, excelente para confeccionar prendas.
— **Mercerizado**, el hilado tradicional del crochet, que se baña en una solución que le otorga brillo y mayor resistencia.

Fibras de proteína
Hilados de origen animal con base de queratina (pelo del animal) o de secreciones de insecto (seda).
Lanas: La mayoría de las lanas proceden del pelaje de los animales de la familia de los caprinos, pero también se obtienen de alpacas, llamas, vicuñas, caballos, ardillas y conejos. Se pueden encontrar puras o en mezcla (de distintas lanas, con acrílico, y en diversas proporciones).

Suelen ser hilados más elásticos que los de origen vegetal, y más cálidos, además de presentarse en variedad de texturas.

Si son principiantes, hay que alejarse de las más peludas (como la angora o el mohair) porque sus pelos ocultan la estructura del tejido, lo que dificulta el saber dónde insertar la aguja, y entorpece la visualización de posibles errores que podríamos corregir.

También es importante tener en cuenta que la lanolina, presente en casi todas las lanas, puede provocar alergia. El único hilado hipoalergénico entre las lanas es el de alpaca (sin lanolina), fibra muy suave y durable, pero extremadamente costosa.

Seda: La seda producida por las larvas de algunos insectos para hacer sus capullos es la fibra de origen animal más resistente, además de ser hipoalergénica. El único problemilla... es que no puede usarse para tejer muñecos debido a su característica principal: ser demasiado "sedosa".

FIBRAS SINTÉTICAS

Acrílicos y nailon: Similares en textura a la lana, son fibras menos duraderas. Aunque son más económicas y deslizan muy bien en la aguja, tienden a encapsularse (hacen bolitas). Son muy elegidas para hacer muñecos por su vasto rango de colores, pero yo no soy muy adepta de su textura al tacto y a su acabado brilloso. Pero, como todo en la vida, es cuestión de gustos.

Es interesante tener en cuenta que los tejidos con acrílico suelen quedar más blanditos (es un hilado más elástico que el algodón), cosa que puede ser deseable, pero hay que tener en cuenta que esa característica no se lleva muy bien con cuellos muy largos o patas que tienen que mantenerse en pie.

GROSOR/PESO

El grosor es la relación que existe entre el peso y la cantidad de metros. Cada tipo de hilado suele presentarse en una gran variedad de grosores. Por ejemplo, un hilo superfino, para bordar o tejer encaje, puede tener unos 800 m en una madeja de 100 g. En el otro extremo, una lana muy gruesa puede contar solo con 50 m en el mismo peso. Generalmente, el tipo de hilado que se utiliza para tejer muñecos está entre 400 y 200 m cada 100 g.

Internacionalmente, la mayoría de las publicaciones y fábricas de hilados usan una serie de términos estándar para indicar el peso/grosor de los hilados. También puede figurar la cantidad de cabos/PLY.

Lamentablemente, son términos poco usados en mi país, Argentina, y en otros países de habla hispana, donde es práctica común referirse a ellos como *fino*, *mediano* o *grueso*.

El siguiente cuadro se elaboró utilizando los términos estándar establecidos por el Craft Yarn Council.

número	nombre	tipos de hilado en categoría (inglés)	cabos (hebras)	m/100 g	aguja recomendada (mm)
0	laso	*Fingering*	1-2 cabos	600-800 o más	1,5-2,5
1	superfino	*Sock, Fingering, Baby*	3-4 cabos	350-600	2,25-3,5
2	fino	*Sport, Baby*	5 cabos	250-350	3,5-4,5
3	ligero	*DK (double knitting), Light Worsted*	8 cabos	200-250	4,5-5,5
4	mediano	*Worsted, Afghan, Aran*	10-12 cabos	120-200	5,5-6,5
5	grueso	*Chunky, Craft, Rug*	12-16 cabos	100-130	6,5-9
6	supergrueso	*Super Bulky, Super Chunky, Roving*		menos de 100	9 y mayores
7	jumbo	*Jumbo, Roving*		menos de 100	15 y mayores

El grosor del hilo y la aguja que utilicen siempre deben guardar relación.

De todas formas, recuerden que, cuando se tejen muñecos, la aguja siempre debe ser entre 1 y 2 mm menos de lo indicado para elaborar una prenda, ya que buscamos un tejido cerrado que no deje ver ni salir el relleno.

OTRAS HERRAMIENTAS Y MATERIALES ESENCIALES

AGUJAS PARA COSER LANA O DE TAPICERÍA

Se usan para unir partes, coser y terminar piezas. Trabajando con algodón medio fino o mediano, lo ideal son las agujas de tapicería de punta roma (redonda y sin filo), de un tamaño entre 16 y 22.

Intenten no usar agujas de bordado porque, a pesar de ser semejantes a las de tapicería, tienen la punta demasiado afilada y tienden a lastimar –enganchar y deshilachar– el hilo.

También se puede usar una aguja lanera chica, pero es importante que no tenga el ojo (el agujero por donde pasa el hilo) demasiado grande para no aumentar el espacio entre los puntos.

ALFILERES

Si usan alfileres para sujetar partes antes de coser (yo solo lo hago para coser una cabeza a un cuerpo), procuren usar alguno con cabeza grande para no perderlo dentro del tejido.

TIJERAS

Tengo un problemita con las tijeras... ¡Me encantan! Y tengo bastantes, de todo tipo y forma. Pero si no comparten esta obsesión conmigo, intenten conseguir alguna pequeña, liviana y con buena punta, de las que se usan para hilo de coser. Las van a usar todo el tiempo, así que elijan una de buena calidad y buen filo.

MARCADORES DE PUNTOS

Como su nombre sugiere, la idea de un marcador de puntos es, justamente, marcar un determinado punto que no queremos perder de vista. Se pueden encontrar en variedad de formas, tamaños y calidades. Pero, en realidad, se puede usar cualquier cosa que sirva para tal fin: un pedazo de hilo de otro color, alfileres de gancho, clips para papel u horquillas para el pelo (mis preferidas, las invisibles).

RELLENO

Para rellenar los muñecos se usa el vellón siliconado, el mismo que se utiliza para rellenar almohadones y acolchados. Es fácil de encontrar, económico, lavable e hipoalérgenico.

Rellenar bien un muñeco requiere un poquito de paciencia. No hay que rellenarlo demasiado porque se estira el tejido, dejando ver el vellón. Pero si el vellón es escaso, el muñeco adquiere un aspecto triste, como si el pobre se hubiese desinflado.

Es aconsejable ir colocando pequeñas cantidades de relleno, sumando de a poco hasta conseguir el aspecto deseado.

RASGOS FACIALES

Existe una gran variedad de elementos extra para colocar en los muñecos: ojos y narices plásticas de todos los colores y tamaños, botones, moños, cintas, etc. Para mis muñecos solo utilizo ojos de plástico de seguridad. Estos ojos tienen dos elementos: el ojo en sí más una traba que va por dentro del muñeco. Si está bien ajustado, es prácticamente imposible de sacar. Si temen que la tenacidad de un niño pueda sacarlos (especialmente los menores de 3 años), se les puede colocar pegamento universal antes de cerrarlos (¡estén seguros de su ubicación antes de trabarlos!).

Por otro lado, cualquiera de los rasgos faciales puede ser bordado con hilo de bordar o el mismo hilado que usaron para tejer el muñeco.

INTRODUCCIÓN AL CROCHET

Al tratarse de una actividad que requiere incorporar movimientos repetitivos y bastante precisos, necesitamos darle a nuestro cuerpo el tiempo y la practica necesaria para que se naturalicen.
¡Tengan mucha paciencia!

SUJETAR LA AGUJA DE CROCHET Y LA HEBRA

En todos mis años de dar cursos he visto tantas maneras de sujetar la aguja y el hilo como alumnas y alumnos han pasado por el taller. Generalmente, se acostumbra a sujetar la aguja con la mano que se utiliza para escribir, pero no es una regla. Si toman la aguja con la mano derecha, se teje de derecha a izquierda, salvo el punto cadena y el punto cangrejo.
Sostener una nueva herramienta puede ser todo un desafío. Es muy probable que no recuerden la primera vez que sostuvieron un lápiz o un cuchillo, pero estoy segura de que se las pueden arreglar bastante bien con esas herramientas en este momento. Lo mismo pasa con una aguja de crochet: es necesario

algo de tiempo y práctica. No hay reglas ni existe "la mejor manera" de tomarla.
Si ya tejen a crochet, se sienten cómodos y están satisfechos con el resultado, ¡manténganse así!
Si están aprendiendo, prueben tantas formas como quieran hasta que encuentren aquella que les resulte mejor.

COMO UN CUCHILLO

Menos común, es como la tomo yo. Se sujeta la aguja con el pulgar y el dedo medio sobre la parte plana y el índice cerca de la punta. El mango apoya sobre la palma de la mano, sostenido por el anular y el meñique.

COMO UN LÁPIZ

Es la manera habitual. Se sostiene la aguja por la parte plana del medio (empuñadura), entre la punta del pulgar y el índice. El mango apoya sobre la mano, entre la base del pulgar y el índice.

SUJETAR EL HILADO

La mano libre es la que controla el hilo y sujeta el trabajo. Existe un sinfín de métodos para tomar el hilo, y cada tejedor tiene su forma preferida.

Por ejemplo, se puede entrelazar el hilo en los dedos o sostenerlo entre la palma de la mano y dos o tres dedos. Solo deben tener en cuenta que es importante mantener una tensión firme y constante mientras trabajan. Pero, al igual que con la aguja, experimenten y elijan la manera que les dé los mejores resultados y les sea más cómoda.

Sostener la aguja puede parecernos extraño al principio, pero aprender a controlar el hilo y sostener el trabajo es el quid de la cuestión. Dense tiempo para practicar hasta que sujetar el hilo y manejar la tensión se sienta confortable y natural.

Además, como es la mano que más trabaja, va a ser la que más se tensione: descansar y ejercitar antes y después de la labor es más que recomendable. Y sé que puede sonar casi imposible (especialmente cuando le tomen el gustito), pero traten de no tejer demasiadas horas seguidas.

PUNTOS

Solo existen unos cuantos puntos básicos, y aunque las combinaciones y variaciones son casi infinitas, únicamente necesitarán dominar unos pocos para tejer muñecos. Todos los puntos de crochet se realizan a partir de la combinación de dos o tres de estos movimientos:

— Lazar la aguja: envolver la aguja con el hilo, de atrás a delante.
— Picar: insertar la aguja en el punto.
— Sacar el hilo a través de una o más lazadas en la aguja.

Existen varias técnicas para hacer un mismo punto. En este libro, intentaré explicarles aquellas que he ido aprendiendo con los años y utilizo todos los días.

Pero recuerden que, como en casi cualquier oficio, no existe un manual de reglas inquebrantables y pueden (y deberían) adaptarlas a sus necesidades y posibilidades.

Mi consejo es que, si es la primera vez que sujetan una aguja en sus manos, se tomen un buen tiempo para tejer solo puntos cadena, hasta que puedan hacerlo sin pensar en el movimiento. Dominado el primer paso, se pueden enfocar en el medio punto, el punto estrella para tejer muñecos.

NUDO CORREDIZO

Casi todos los tejidos en crochet comienzan con este nudo,
y es la primera lazada que necesitan hacer en la aguja.

1 Hagan una lazada en el extremo del hilo.
2 Inserten la aguja en la lazada y saquen otro lazo
a través del mismo.
3 Tiren del extremo del hilo para ajustar la lazada
en la aguja.

Yo suelo hacer otro nudito para sujetarlo mejor...
Sí, otro nudo para ajustar el corredizo.
Este nudo corredizo no cuenta como un punto.

01 PUNTO CADENA/CADENETA (abreviatura: cad)

Este punto es la base del crochet: si van a trabajar un tejido plano, la primera hilera va a ser (casi) siempre de puntos cadena, la famosa *cadena base*. También se usa para unir puntos y como punto de vuelta (cadenas de altura).

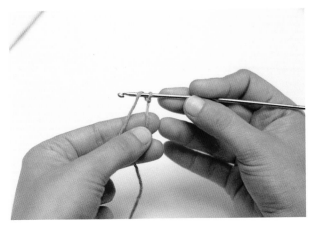

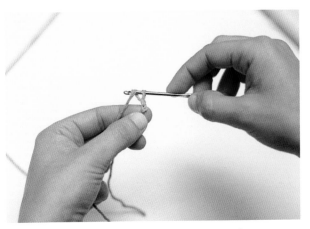

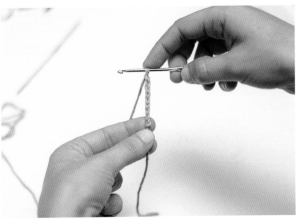

1 Sujetando el nudo corredizo con el pulgar y el índice, pasen el hilo por encima de la aguja. Este movimiento se conoce como lazar. Se puede envolver la aguja con el hilo o girar la aguja alrededor de este.
2 Con ayuda del gancho de la aguja, pasen el hilo a través de la lazada que tenemos en la aguja (el nudo corredizo).
3 De esta forma se obtendrá una nueva lazada, el primer punto cadena. Repitan los pasos anteriores para tejer cuantos puntos cadena sean necesarios.

Nota: Para que el tejido no se gire alrededor de la aguja cada vez que intentamos lazar, es importante sujetar firmemente el trabajo.

Cadena base

Es la línea de puntos cadena que hay que tejer para iniciar un tejido plano, el equivalente a montar los puntos cuando se comienza un tejido en dos agujas. También se utiliza para comenzar los tejidos tubulares: una hilera de cadenas que se unen para trabajar en círculo o espiral. Para mantener una tensión pareja (una línea de cadenas pareja), cambien constantemente el "agarre" en el tejido, de manera que nuestra mano siempre sujete el trabajo cerca de donde estamos trabajando con la aguja.

Cadena de vuelta

Cuando se teje en hileras –tejido plano, ida y vuelta–, las cadenas de vuelta se tejen para llegar al punto de comienzo de la siguiente hilera.

Esto se hace para que la aguja esté a la misma altura que los puntos que se están tejiendo.
A cada punto le corresponde una cantidad de puntos cadena de vuelta:
— Una hilera de medio punto: 1 pt cadena de vuelta.
— Una hilera de punto media vareta (punto medio alto): 2 puntos cadena de vuelta.
— Una hilera de punto vareta (punto alto): 3 puntos cadena de vuelta.
En algunos patrones, los puntos cadena de vuelta pueden variar (para hacer puntos fantasía o lograr algún efecto de moldeado).

Nota: Cuando se trabajan puntos media vareta (punto medio alto) o más largos, los puntos cadena de vuelta se cuentan como el primer punto de la hilera.

CONTAR PUNTOS

Aprender a contar los puntos es fundamental para asegurarse de que se está siguiendo el patrón. Por eso, también es importante recordar contar los puntos con regularidad. La forma más sencilla de contarlos es observando el punto desde arriba, donde se ve igual que un punto cadena, una V, una espiga, una punta de flecha o una trenza. Con tiempo y experiencia, podrán contar los puntos desde cualquier ángulo. Nunca se cuenta la lazada que está en la aguja (no es un punto, es la lazada que se está trabajando) ni el nudo corredizo.

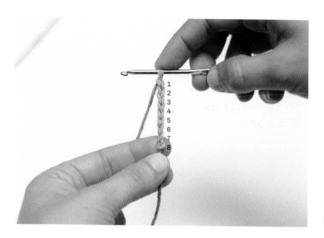

INSERTAR LA AGUJA (DÓNDE PICAR)

A excepción del punto cadena, para tejer cualquier otro punto siempre hay que insertar la aguja en un punto tejido previamente. Insertar la aguja, o picar, es el movimiento que se hace con la aguja pasando de delante a atrás a través de un punto. El gancho de la aguja siempre debe pasar hacia abajo o de perfil para que esta no se enganche con el tejido. Cuando se pica, se puede insertar la aguja en tres lugares diferentes:

1 AMBAS HEBRAS (*Both loops*): Insertar la aguja por debajo de las dos hebras que forman la cadena, las que se ven en la parte superior del punto. Es la forma habitual y recomendable cuando no se indica de otra forma.

2 SOLO POR HEBRA DELANTERA (*Front loop*): Pasar la aguja solo por la hebra de delante, la más cercana al tejedor.

3 SOLO POR HEBRA TRASERA (*Back loop*): Pasar la aguja solo por la hebra de detrás, la más alejada del tejedor. Esta forma de picar genera una serie de líneas horizontales formada por las hebras delanteras de cada punto. Es un método usado por razones estéticas (genera textura) o para facilitar el trabajo a la hora de retomar el tejido (como para hacer una falda).

02 PUNTO ENANO/RASO/PASADO (abreviatura: p enano)

Este punto no tiene altura y rara vez se utiliza para generar un tejido. Es el punto que se usa para unir vueltas, unir piezas, para moverse de forma "invisible" de un lado a otro del tejido y para reforzarlo o hacer terminaciones. También es excelente para tejer "cuerdas" (pelo, dedos finitos, etc.).

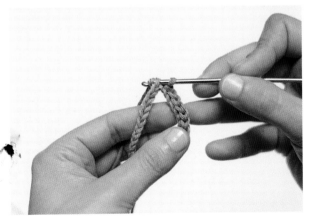

1 Inserten la aguja por debajo de ambas hebras en el siguiente punto (en cadena base, piquen en el segundo punto desde la aguja).
2 Tomen la hebra (lacen) y sáquenla a través de ambos lazos al mismo tiempo (por el punto y la lazada en la aguja).
3 De esta forma se obtiene el primer punto enano. Continúen trabajando de la misma manera.

Nota: *Cuando trabajen puntos enanos en la última vuelta o hilera para hacer una terminación o embellecer una pieza, es recomendable tejer los puntos un tanto más holgados de lo habitual, para no fruncir el tejido.*

UNIR UN ANILLO DE PUNTOS CADENA CON UN PUNTO ENANO (cadena base para tejido tubular)
1 Inserten la aguja en el primer punto cadena.
2 Lacen y saquen la hebra por ambas lazadas en la aguja al mismo tiempo.

03 MEDIO PUNTO/PUNTO BAJO (abreviatura: mp)

Es el punto estrella a la hora de tejer los muñecos, ya que es el único que da como resultado una trama cerrada y bastante rígida. Esto es, no solo mantiene muy bien la forma, sino que no permite que se vea el vellón (siempre y cuando no lo rellenemos demasiado y se teja con la aguja adecuada). Por esta razón, no suele ser un punto muy popular para tejer prendas.

En hileras (tejido plano, ida y vuelta)

1 Inserten la aguja de crochet en el segundo punto desde la aguja.
2 Lacen.
3 Saquen la hebra solo a través del punto cadena. Quedarán dos lazos en la aguja.
4 Lacen nuevamente.
5 Saquen la hebra pasándola por las dos lazadas en la aguja.
6 Quedará una sola lazada en la aguja, obteniéndose así el primer medio punto.

7 Inserten la aguja en el siguiente punto. Continúen tejiendo de la misma manera en cada punto cadena.
8 Al final de la hilera, hagan un punto cadena de vuelta y giren el tejido para continuar tejiendo la siguiente hilera.
9 Tejan un medio punto en el siguiente punto (no cuenten el punto cadena de vuelta), insertando la aguja por debajo de las dos hebras del punto de la hilera anterior.
10 Continúen tejiendo así hasta el final de la hilera y repitan.

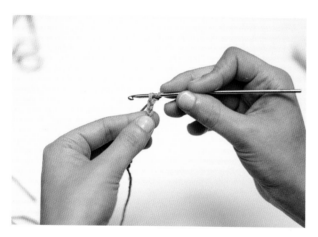

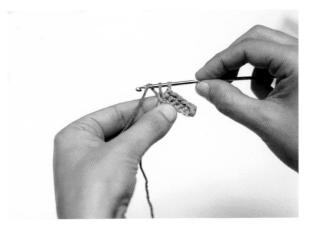

Nota: *Cuando se teje en hileras, no importa si hacen la cadena de vuelta y giran el tejido o si prefieren girar el tejido y luego hacer la cadena de vuelta. Lo importante es que sean constantes durante todo el trabajo.*

En vueltas (tejido tubular, espiral)

Comiencen desde una cadena base.

1 Asegúrense de que la cadena base no esté torcida e inserten la aguja en el primer punto cadena.

2 Cierren formando un círculo haciendo un punto enano en el primer punto cadena.

3 Sigan tejiendo un medio punto en cada punto cadena hasta llegar al final.

4 Hagan un medio punto en el primer medio punto que se tejió (no cierren la vuelta con un punto enano). En este momento, el marcador de puntos es muy útil: colóquenlo en el medio punto que acaban de hacer.

5 Continúen tejiendo hasta llegar, nuevamente, al marcador de puntos. Saquen el marcador y tejan un medio punto en ese punto. Vuelvan a colocar el marcador en el medio punto que acaban de tejer.

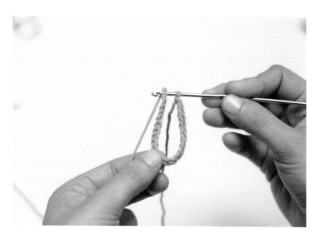

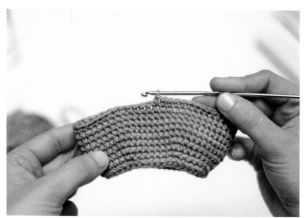

medio punto V

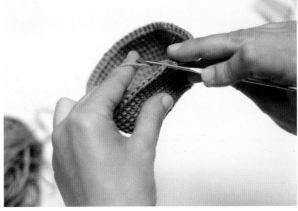

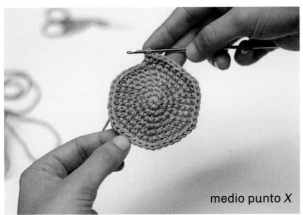

medio punto X

Diferencia entre el medio punto V y el medio punto X

Si tienen un poco de experiencia tejiendo a crochet, habrán notado que el medio punto que tejo se ve un tanto diferente al medio punto tradicional. Esto se debe a que, en vez de pasar el hilo por encima de la aguja al hacer la primera lazada (al insertar la aguja), tomo el hilo enganchándolo por debajo de la aguja. Gracias a este simple cambio, se obtiene un medio punto más cuadrado que se asemeja a una X, en vez del clásico medio punto en forma de V.

04 PUNTO MEDIA VARETA/PUNTO MEDIO ALTO (abreviatura: pmv)

Como su nombre indica, es un punto intermedio en altura entre el medio punto y el punto vareta o punto alto. Al ser un poco más suelto, el tejido hecho con este punto tiene mayor fluidez y es excelente para trabajar las prendas de los muñecos. También se utiliza cuando el tejido requiere subir o bajar en alturas (cuando se teje la forma de una hoja u oreja, por ejemplo).

En hileras (tejido plano, ida y vuelta)

Comiencen desde una cadena base.

Los primeros dos puntos de la cadena base son los puntos cadena de vuelta para la primera hilera y se cuentan como el primer punto media vareta o punto medio alto.

1 Lacen la aguja de atrás a delante.

2 Inserten la aguja en el tercer punto cadena desde la aguja y lacen nuevamente.

3 Saquen la hebra a través del punto cadena. Quedan tres lazadas en la aguja.

4 Lacen nuevamente y saquen por las tres lazadas en la aguja de crochet. Se ha completado así el primer punto media vareta o punto medio alto.

5 Continúen tejiendo de la misma forma hasta el final de la cadena.

6 Al final de la hilera, hagan dos puntos cadena de vuelta y giren el tejido para comenzar la siguiente hilera.

7 Tejan un punto medio alto en el tercer punto cadena desde la aguja, insertando la aguja por debajo de ambas hebras del punto de la hilera anterior.

8 Repitan hasta el final de la hilera.

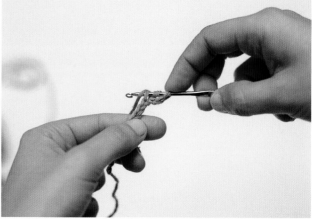

28

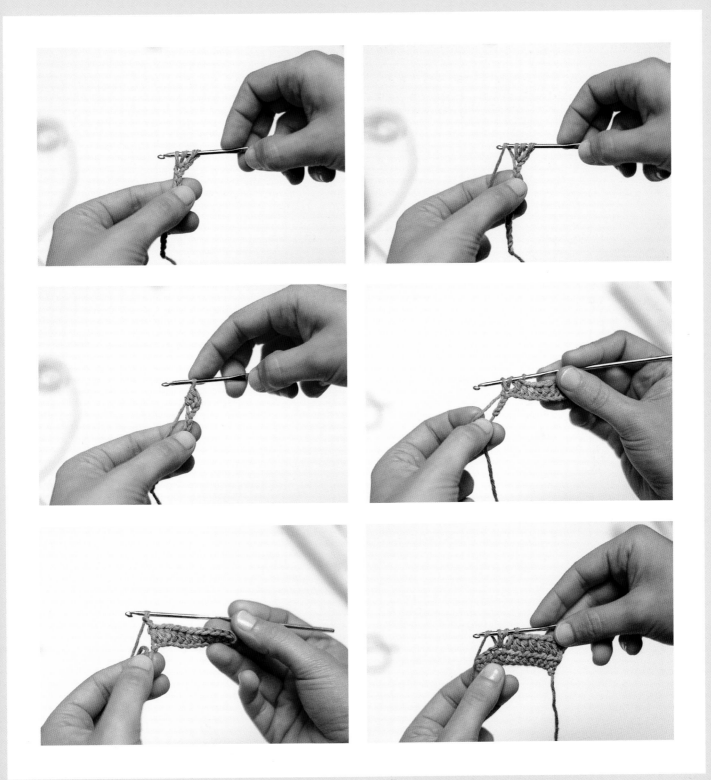

05 PUNTO VARETA/PUNTO ALTO (abreviatura: pv)

Probablemente, es el punto más conocido y usado del crochet para tejer prendas y mantas. Pero, para hacer muñecos, solo se usará esporádicamente, ya que es un punto abierto y holgado que dejaría ver el relleno.

En hileras (tejido plano, ida y vuelta)
Comiencen desde una cadena base.
Los primeros tres puntos de la cadena base son los puntos cadena de vuelta para la primera hilera y se cuentan como el primer punto vareta o punto alto.
1 Lacen la aguja de atrás a delante.
2 Inserten la aguja en el tercer punto cadena desde la aguja y lacen nuevamente.
3 Saquen la hebra a través del punto cadena. Quedan tres lazadas en la aguja.
4 Lacen nuevamente y saquen la hebra solo por las dos primeras lazadas en la aguja. Quedan dos lazadas en la aguja de crochet.

5 Lacen una última vez y saquen por las dos últimas lazadas. Se ha completado así el primer punto vareta o punto alto.
6 Continúen tejiendo de la misma manera hasta el final de la hilera.
7 Al final de la hilera, hagan tres puntos cadena de vuelta y giren el tejido para comenzar la siguiente hilera.
8 Tejan un punto vareta (o alto) en el cuarto punto desde la aguja, insertando la aguja por debajo de ambas hebras del punto de la hilera anterior.
9 Repitan hasta llegar al final de la hilera.

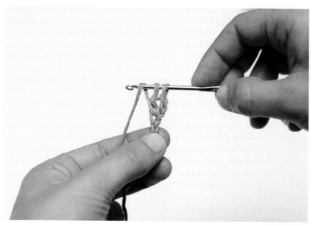

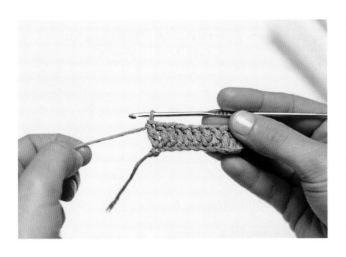

06 PUNTO MOTA/PUNTO PIÑA (abreviatura: p mota)

No es un punto básico, pero lo uso en casi todos mis muñecos para hacer los dedos. También se puede usar para tejer narices, orejas o cualquier otro detalle con forma de bolita.
Un punto mota es como un racimo de puntos varetas (altos) que se trabajan en un solo punto base y cierran juntos. El número de puntos puede variar, pero usualmente se hace con tres o cinco puntos. En este libro siempre uso punto mota de cinco varetas o puntos altos, salvo en caso que se mencione otra cantidad.

1   Lacen antes de insertar la aguja en el punto base.
2   Lacen nuevamente y saquen la hebra a través del punto. Quedan tres lazadas en la aguja.
3   Lacen otra vez y saquen la hebra a través de las dos primeras lazadas en la aguja. Queda ahora un punto vareta (o punto alto) a medio cerrar y dos lazadas en la aguja.

4   En el mismo punto base, repitan los pasos anteriores cuatro veces más. Al finalizar, quedarán cinco puntos varetas a medio cerrar.
5   Lacen por última vez y saquen por las seis lazadas en la aguja al mismo tiempo (son cinco varetas a medio cerrar más la lazada del punto anterior).

07 MEDIO PUNTO ELÁSTICO/PUNTO BAJO ELÁSTICO (abreviatura: mp elástico)

Utilizo este punto para hacer las terminaciones en los gorros y otras prendas. Es una técnica que habitualmente se hace con puntos varetas, pero funciona perfectamente con el medio punto.
Se trabaja alternando un punto relieve delantero y un punto relieve trasero. Para comenzar a realizarlo hay que tener, al menos, una vuelta de medio punto antes de comenzar a tejer los puntos en relieve.

1 Inserten la aguja pasando de delante a atrás y luego hacia delante alrededor del pilar del medio punto (o punto bajo) de la vuelta o hilera anterior.
2 Lacen y saquen una hebra alrededor del pilar. Saquen un poco más de hilo del que se sacaría habitualmente para un medio punto estándar.
3 Lacen nuevamente y saquen la hebra a través de las dos lazadas en la aguja.
4 Primer punto relieve delantero completo.

5 Inserten la aguja pasando de atrás a delante y luego hacia atrás alrededor del pilar del siguiente medio punto.
6 Lacen y saquen una hebra alrededor del pilar. Saquen un poco más de hilo del que se sacaría habitualmente para un medio punto estándar.
7 Lacen nuevamente y saquen la hebra a través de las dos lazadas en la aguja.
8 Repitan los pasos 1-7 hasta el final de la vuelta o hilera.

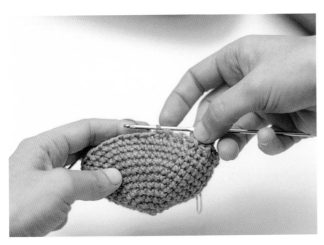

AUMENTOS Y DISMINUCIONES

Los aumentos y las disminuciones se usan para moldear prendas y otros objetos, como los muñecos. Esto es, permiten darle una forma determinada a la pieza aumentando o disminuyendo la cantidad de puntos en una hilera o ronda.

Aumento (abreviatura: aum)
Para hacer un aumento de cualquier tipo de punto hay que realizar dos o más puntos en el mismo punto base donde normalmente se haría uno solo.

1   Tejan un punto en el siguiente punto de la última vuelta o hilera.
2   Inserten nuevamente la aguja exactamente en el mismo punto.
3   Tejan un segundo punto.

Disminución (abreviatura: dism)

Como indica su nombre, la disminución se utiliza para reducir la cantidad de puntos en un tejido, y consiste en tejer dos o más puntos juntos. Cuando se trabajan puntos fantasía o se tejen motivos (como los *granny squares*), es común saltarse –no tejer– los puntos para disminuir. Sin embargo, evitamos esta técnica cuando se hacen muñecos, ya que dejaría huecos significativos en la trama del tejido.

Disminución de medio punto tradicional

Es la primera técnica que aprendí a realizar y le tengo cariño –y, a estas alturas, es la que me sale naturalmente–. Pero ahora, con la fiebre del amigurumi, ha adquirido un poco de mala fama: si no está bien ajustada, puede dejar un pequeño agujero.

1 Tejan dos medios puntos incompletos en dos puntos adyacentes en la hilera o vuelta previa.
2 Lacen nuevamente. Quedarán tres lazadas en la aguja.
3 Saquen la hebra por las tres lazadas en la aguja de crochet. Disminución terminada.

Nota: El truco para no dejar agujeritos es darle más tensión a cada punto que se va a disminuir y ajustar muy bien el punto siguiente a la disminución.

Disminución "invisible"

Esta forma de disminuir es, probablemente, la más usada cuando se tejen muñecos, ya que el punto de disminución se ve muy parecido al medio punto.

1   Inserten la aguja en la hebra delantera del primer punto que vayan a disminuir.

2   Inserten la aguja en la hebra delantera del siguiente punto que vayan a disminuir. Quedarán tres lazadas en la aguja.

3   Lacen y saquen a través de las primeras dos lazadas en la aguja.

4   Lacen nuevamente y saquen por las dos lazadas restantes en la aguja de crochet.

Nota: *Tengan especial cuidado de no perder el marcador de puntos mientras hacen este tipo de disminuciones. Si no tienen mucha experiencia para leer sus puntos, es probable que los pierdan de vista.*

TEJER EN ESPIRAL

Realizar aumentos espaciados uniformemente desde el centro hacia fuera es la técnica utilizada para tejer piezas redondas, como carpetitas, sombreros, alfombras y muñecos. Cuando se teje en redondo, se cierra cada vuelta con un punto enano. Esta técnica, a pesar de generar círculos perfectos, deja una marca continua a lo largo del trabajo como resultado de unir las vueltas. Es algo así como una cicatriz y, definitivamente, no se ve para nada bonita en un muñeco. Para evitar esta marca, los muñecos se suelen tejer en espiral, esto es, sin cerrar o unir las vueltas. Esta es la razón por la cual es tan recomendado usar un marcador de puntos: les va a señalar dónde comienza una nueva vuelta y dónde termina la anterior. Pueden elegir dónde colocar el marcador, al final o al comienzo de cada vuelta, pero sean firmes con el lugar que elijan. Al terminar cada vuelta, acabarán justo por encima del marcador de puntos. En ese momento deben sacar el marcador, tejer el punto indicado por el patrón y volver a colocarlo en ese lugar.

Anillo mágico (círculo ajustable/anilla)

Esta es, casi sin lugar a dudas, la manera ideal de comenzar un tejido en espiral. Se empieza tejiendo el número indicado de puntos en un lazo ajustable, y luego se tira de ese lazo hasta que los puntos cierren en un anillo. La gran ventaja del anillo mágico es que, al cerrar el anillo, no quedan agujeritos indeseables en el centro (y así se evita que se vea o se salga el relleno del muñeco). Existen varias técnicas para comenzar el anillo, y al principio casi todas pueden generar un poco de ansiedad. Practiquen y vuelvan a practicar. No se frustren si les parece imposible en los primeros intentos. Les puedo asegurar que, una vez terminado el primer muñeco, habrán dominado el anillo mágico por completo. Y lo van a adorar.

1 Comiencen cruzando la hebra para formar un círculo, como si fuesen a realizar un nudo corredizo (o casi cualquier tipo de nudo).

2 Sosteniendo la lazada con firmeza entre el dedo gordo y el índice, inserten la aguja en el centro del círculo y saquen una lazada.

3 Sin dejar de sujetar con firmeza el círculo (¡esto es crucial!), lacen nuevamente la aguja de crochet.

4 Saquen la hebra a través de la primera lazada en la aguja para realizar un punto cadena. Este punto cadena va a asegurar el anillo (y dará la altura del primer medio punto).

5 Inserten nuevamente la aguja en el medio del círculo, cuidando de que la aguja también esté pasan-

do por debajo de la cola del hilo (se ven dos hilos entrelazados). Lacen y saquen una hebra.

6 Lacen otra vez.

7 Saquen la hebra por las dos lazadas en la aguja. Tendremos así el primer medio punto en el anillo mágico.

8 Repitan los pasos 5, 6 y 7 hasta obtener el número indicado de puntos.

9 Tomen la cola de la hebra (el lado cortito) y tiren hasta ajustar el anillo. Tiren con fuerza, sin miedo.

10 Una vez ajustado, pueden cerrar con un punto enano, pero no es necesario. Es el único momento donde cierro vueltas, y es por maña.

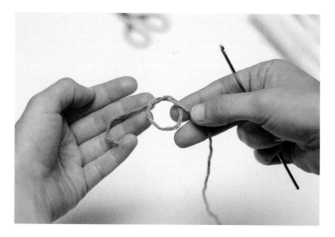
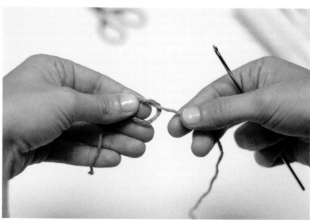

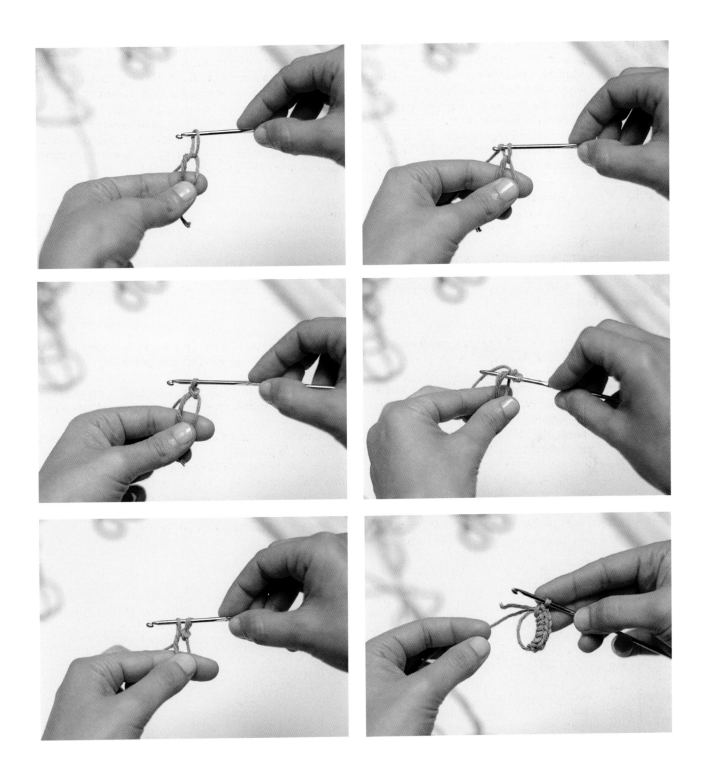

 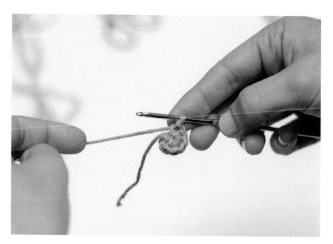

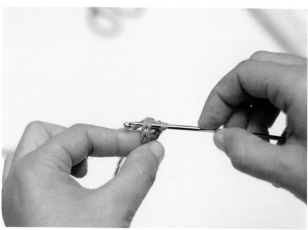 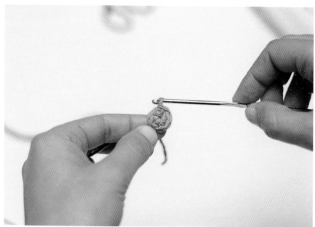

TEJER EN AMBOS LADOS DE LA CADENA BASE

Es la técnica que se utiliza para realizar una pieza en forma ovalada: alfombras, bolsos, la planta de los zapatitos de bebé y, en el caso de los muñecos, para tejer hocicos, orejas y el cuerpo de algunos personajes.

1 Tejan una cadena base con el número de puntos indicado.

2 Piquen en el segundo punto cadena desde la aguja y tejan un medio punto (a veces, el patrón puede requerir un aumento en el primer punto).

3 Continúen tejiendo sobre cada punto de la cadena base como indique el patrón.

4 El último punto cadena es, usualmente, un aumento para girar el tejido y continuar trabajando en el otro lado de la cadena base.

5 Den vuelta al tejido para seguir tejiendo en la parte inferior de los puntos cadena base. Noten que en este lado solo tendrán un lazo del punto cadena.

6 Continúen tejiendo sobre el lazo de cada punto cadena.

7 El último medio punto que tejan quedará justo al lado del primero que hicieron. Según el patrón, también podría ser un aumento.

8 A partir de aquí se continúa tejiendo en espiral.

CAMBIO DE COLOR Y UNIÓN DE HEBRAS

Esta técnica se utiliza para cambiar un color de hilo por otro. También es superútil para unir otro hilo del mismo color cuando se ha terminado el hilo en el ovillo, ya que nos aseguramos de que el nudo de unión se mantenga en el interior del muñeco.

1   Trabajen con la hebra del color (o hilo) previo hasta tener dos lazadas del último punto en la aguja (primera parte del medio punto).

2   Usen el nuevo color (o hilo) para completar el punto, sacando la nueva hebra por las dos lazadas en la aguja.

Nota: *No corten la hebra del color previo si volverán a utilizarlo. Además, es conveniente atar ambas hebras en el interior para asegurarse de que el punto no se afloje. Por otro lado, es importante tener en cuenta que el punto de cambio de color quedará del color anterior.*

JACQUARD

La técnica Jacquard se utiliza para generar tramas, patrones y dibujos tejiendo con dos o más colores a la vez. Es como dibujar intercalando hilos de colores mientras tejemos y, generalmente, se trabaja siguiendo un diagrama que nos indica cuándo hacer los cambios de color.

Manipular las distintas hebras de color puede ser complicado (y un tanto frustrante). Un método sencillo que funciona bien es dejar la hebra que no estamos utilizando detrás del tejido (o hacia dentro). Cuando debamos volver a usarla, la tomamos de nuevo y la llevamos por detrás (o por dentro) del trabajo hasta el siguiente cambio de color.

1 Cuando el patrón indique que hay que hacer el cambio de color, es importante recordar que siempre debe comenzar un punto antes (vean CAMBIO DE COLOR).

2 Tejan la cantidad de puntos indicados en el patrón.

3 Tomando en cuenta que el cambio de color siempre se comienza un punto antes, tomen la hebra del color que se volverá a usar y llévenla por detrás (o dentro) del tejido hasta el lugar donde se hará el cambio.

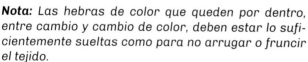

Nota: Las hebras de color que queden por dentro, entre cambio y cambio de color, deben estar lo suficientemente sueltas como para no arrugar o fruncir el tejido.

Cuando los cambios de color están muy distanciados, es preferible cortar las hebras y atarlas entre sí. De hecho, es más que recomendable si el cambio de color es constante durante todo el muñeco, porque es más fácil de rellenar y no corremos el riesgo de deformarlo.

TAPESTRY

La diferencia entre el Jacquard y el Tapestry es cómo se llevan las diferentes hebras de color durante el tejido. En el Tapestry, en vez de soltar las hebras por dentro, se "cargan" sobre el tejido (arriba del punto) mientras se sigue trabajando con el otro color. Esto quiere decir que, cada vez que hagamos un punto, estaremos envolviendo la o las hebras de otros colores que no estemos usando.

Sin embargo, esta pequeña gran diferencia cambiará significativamente la apariencia de nuestro tejido, especialmente del reverso.

Como resultado, se obtendrá un tejido que asemeja a un tapiz (¡por eso el nombre!) y su mayor ventaja es que no se ven hilos colgando de ningún lado. Por lo tanto, es una técnica ideal para tejer prendas o accesorios donde el trabajo necesita verse bien tanto del derecho como del revés.

Sin embargo, para mí tiene una pequeña desventaja: salvo que se carguen los hilos durante todo el trabajo, el lugar del tejido donde realicen está técnica quedará más grueso que el resto. Y, tal vez aún más evidente, si utilizan colores muy contrastantes, verán los hilos "escondidos" a través de los puntos (en la trama del tejido).

Nota: *Si quieren aprender más sobre esta técnica y deslumbrarse con los increíbles tejidos y objetos que pueden crear, no se olviden de chequear el trabajo de Molla Mills.*

FINALIZAR EL TRABAJO

Cortar la hebra: Al finalizar una pieza de tejido, deberán cortar la hebra y sujetarla de manera que no se deshaga el punto. Si no necesitan coser la pieza tejida a ningún lado, corten dejando un excedente de entre 5 y 10 cm. Saquen toda la hebra a través de la última lazada en la aguja. Si es una pieza que debe coserse (como las orejas o los brazos de un muñeco), corten la hebra dejando un excedente de al menos 20 cm, de manera que esa misma hebra se pueda utilizar para coser (el largo real dependerá de la cantidad de puntos que se tengan que coser). Saquen toda la hebra por la última lazada en la aguja de crochet. **Rematar:** Rematar es "esconder" la hebra cortada al finalizar el tejido.

En tejido plano:
1   Enhebren el excedente de la hebra cortada en una aguja de tapicería.
2   Con el lado del revés hacia delante y con la ayuda de la aguja, pasen con la hebra por varios puntos, de manera que el hilo quede "envuelto" en las lazadas traseras de los puntos.
3   Corten el excedente.

En tejido con relleno:
1   Terminen la última vuelta de disminuciones y corten la hebra dejando un tramo lo suficientemente largo como para dar unas puntadas (unos 15 cm).

2   Enhebren el hilo en una aguja de tapicería y, de atrás a delante, pasen por la hebra delantera de cada uno de los puntos restantes.
3   Al acabar de pasar por el último punto, tiren de la hebra para cerrar (fruncir) la abertura. El movimiento es semejante al que se utiliza para cerrar el anillo mágico.
4   Den una o dos puntadas para asegurarse de que el hilo no se escape.
5   Corten el excedente y oculten la hebra dentro del muñeco con la ayuda de la aguja de crochet.

BORDAR

Bordar sigue siendo una materia pendiente para mí. Solo sé hacer —más o menos— una puntada que aprendí de niña para coser ropa para los muñecos: el punto atrás. Es una puntada que tiene el aspecto de una bastilla por delante (una línea de puntadas simples) pero que, por detrás, genera una línea de puntos superpuestos que le aportan firmeza.
Para bordar utilizo la misma aguja de tapicería que uso para coser y cerrar piezas.
Se introduce la aguja en el tejido y se la saca un punto más adelante, a la izquierda.

1 Introduzcan la aguja por detrás (dentro) del trabajo y hagan una puntada derecha tan larga como un medio punto. Siempre que sea posible, utilicen los agujeros existentes entre puntos para insertar y pasar la aguja de tapicería sin romper el punto.

2 Continúen, tantas veces como sea necesario, saliendo con la aguja un espacio adelante (esto es, como saltándose un punto) y trayendo la aguja hacia atrás, al mismo lugar al final de la última puntada realizada.

COSER PARTES

En todos mis años de talleres y tejido todavía no he encontrado a una sola persona que disfrute al coser partes y unir piezas. Y no soy la excepción. Pero, como no existe otra opción, mejor aprender una manera simple y satisfactoria para llevar adelante esta tarea tan poco placentera.

Si todavía tienen dudas sobre dónde colocar las partes, pueden presentarlas con alfileres. En mi caso, como soy bastante torpe y termino con pinchazos en todos los dedos, solo uso los alfileres para ubicar piezas como una cabeza sobre el cuerpo.

Siempre que puedan –o sea, siempre– usen la hebra excedente que dejaron al terminar la pieza para coser.

Coser piezas abiertas

Usen esta técnica para coser hocicos, picos, trompas, etc. (piezas que vayan a rellenarse) en una pieza todavía abierta y sin relleno, como una cabeza. Ambas piezas tienen algún extremo abierto.

1 Enhebren la aguja de tapicería con la hebra excedente de la pieza que vayan a coser.

2 Ubiquen la pieza. Si están cosiendo un hocico o un pico en la cabeza, es recomendable ubicarlo del lado opuesto al marcador de puntos.

3 Hagan la primera puntada de fuera hacia dentro (o detrás) del tejido.

4 Usando el punto atrás, continúen cosiendo pasando por debajo de ambas hebras de cada punto de la hilera final de la pieza que están cosiendo. Vayan de delante a atrás y de atrás a delante.

5 ¡Importantísimo! Si la pieza que están cosiendo tiene 30 puntos, deberán hacer, por lo menos, 30 puntos atrás.

6 Antes de llegar al final, recuerden rellenar la pieza. Intento no rellenar las piezas hasta el final, para evitar que el vellón se enrede en las puntadas.

Coser una pieza con un extremo abierto a una pieza cerrada

Es la técnica de costura que uso para coser brazos, orejas, colas, etc. La pieza que se va a coser tiene un extremo abierto y puede tener o no relleno.

1 Enhebren la aguja de tapicería con la hebra excedente de la pieza que vayan a coser.

2 Ubiquen las piezas que vayan a coser intentando, de ser posible, alinear los puntos de cada parte.

3 Inserten la aguja a través de una sola lazada de un punto de la pieza terminada y rellena (por ejemplo, el cuerpo).

4 Pasen la aguja por debajo de ambas hebras del punto de la pieza que están cosiendo (por ejemplo, un brazo).

5 Continúen cosiendo de la misma forma alrededor de toda la pieza. Corten la hebra y rematen.

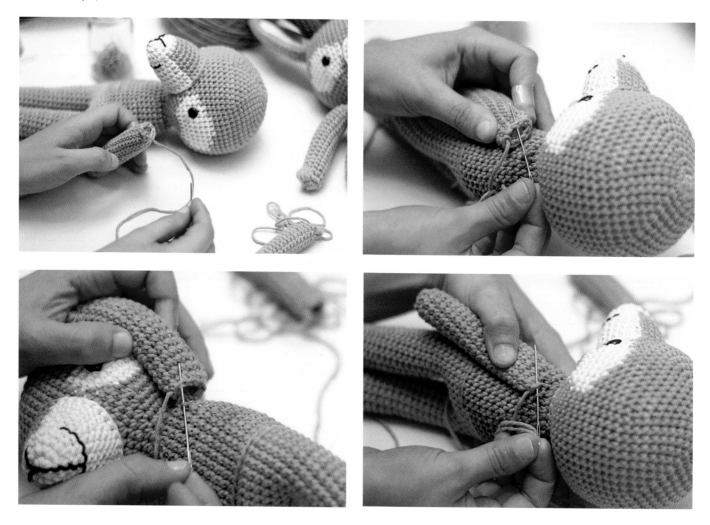

LEER UN PATRÓN

Los patrones pueden ser un poco desalentadores cuando se los ve por primera vez, especialmente si el primer encuentro es con un patrón escrito con puras abreviaturas o, peor, con un diagrama de crochet. Pero una vez aprendido el metalenguaje, la jerga, podrán desentrañar cualquier patrón que se les presente.
El crochet tiene su propio lenguaje y, como todo lenguaje, tiene sus particularidades.
No solo cambian los nombres según el idioma, sino que, dentro de un mismo idioma, hay variantes locales.
La tabla a continuación es una brevísima guía de los puntos y símbolos más usados.
En este libro usaré la terminología que se usa en América Latina, específicamente Argentina.

América Latina	España	Estados Unidos	Gran Bretaña	Símbolo
punto (p/pt)	punto (p/pt)	stitch (st)	stitch (st)	
cadena (c/cad)	cadeneta (c/cad)	chain (ch)	chain (ch)	⬯
punto enano/corrido/pasado (pe/pc/pp)	punto raso/enano (pr/pe)	slip stitch (slst)	single crochet (sc)/slip stitch (slst)	⬮
medio punto (mp)	punto bajo (pb)	single crochet (sc)	double crochet (dc)	×
media vareta (mv/pmv)	punto (alto) medio (pm)	half double crochet (hdc)	half treble crochet (htc)	T
vareta (v/pv)	punto alto (pa)	double crochet (dc)	treble crochet (tr)	⊤
punto mota/piña	punto piña	bobble stitch	bobble stitch	⊕
aumento (aum)	aumento (aum)	increase (inc)	increase (inc)	⋁
disminución (dism)	disminución (dism)	decrease (dec)	decrease (dec)	⋀
hilera (h)/carrera vuelta/ronda (r)	hilera (h)/carrera vuelta/ronda (r)	row/round (rnd)	row/round (rnd)	
anillo	anillo	ring	ring	

PARÉNTESIS Y CORCHETES

En este libro se usan los paréntesis para indicar las instrucciones que deben repetirse a lo largo de una vuelta o hilera una determinada cantidad de veces. El número entre corchetes al final de cada línea muestra el número total de puntos que deben tenerse al final de la hilera.
Por ejemplo: **3v: (1 mp, 1 aum) repitan 6 veces [18]**
"**3v**" indica la vuelta en la que nos encontramos, en este caso, la tercera.
Las instrucciones dentro del **paréntesis** son los puntos que hay que repetir seis veces a lo largo de la vuelta. "**[18]**" es número total de puntos que se deberían tener al finalizar la vuelta.
Cuando las instrucciones se repiten a lo largo de varias vueltas o hileras, leerán "**10v-20v**", lo que indica que se deben seguir las mismas instrucciones desde la vuelta, o hilera, 10 a la 20.

MIS PATRONES

No se sientan atados a mis elecciones de hilados. Aunque todos los muñecos que aparecen en el libro están tejidos con algodón mediano, se puede usar cualquier grosor de algodón, acrílico o lana, siempre y cuando se utilice la aguja de crochet adecuada.

Los patrones no indican cuánto hilo se utiliza porque las cantidades son más bien pequeñas, entre 70 y 100 g, y varían según la tensión de cada tejedor.

La elección de colores es muy personal. Es poco probable que me vean utilizar tonos de violeta o morado, y es más que evidente que tengo fascinación por los azules y cualquier paleta de colores relacionada con la náutica (sí, es la razón por la cual casi todos mis muñecos llevan camisetas a rayas).

Por eso, cuando tejan sus propios muñecos, elijan los colores que amen, los colores que los hagan sonreír. Y, si se sienten un poco perdidos, busquen inspiración en el cotidiano, su entorno: naturaleza, libros, revistas, películas, dibujos animados, hasta los cientos de imágenes que pueden encontrar en internet.

La idea es que cada patrón pueda ser un punto de partida para nuevas ideas, personajes y muñecos. Experimenten, modifiquen los patrones a su gusto, reinvéntelos. Como ya me leyeron mil veces, no hay reglas estrictas; permítanse adaptar las técnicas y los patrones a sus preferencias y necesidades.

Hagan, hagan un montón. No tengan miedo de estropearlo todo. Les aseguro que terminarán con muchísimos proyectos fracasados... Pero, por favor, no dejen de hacerlos. Con cada fracaso están un paso más cerca de algo nuevo, de algo mejor. Es conocimiento, es experiencia y es permitirse pasárselo bien y divertirse en el proceso. Traten de recordar esa maravillosa sensación de cuando eran niños y todo lo hacían por diversión, sin intención de lograr un objetivo específico. El tejido puede traernos esos mismos sentimientos y sensaciones, las de disfrutar del proceso, el tiempo dedicado a construir con las manos, a elegir y cambiar de rumbo cuantas veces sea necesario para seguir disfrutando eso que estamos haciendo.

Intenten aprovechar cada oportunidad para reconectar con esa forma de sentir el mundo y, como en aquellos años de niñez, mostrar con orgullo los frutos de nuestros esfuerzos.

Pedro Von Dito Cerdito

Desde que Pedro tiene memoria, siempre le ha tenido miedo a algo: miedo a la oscuridad y a quedarse solo; miedo a probar nuevas comidas, a conocer nuevos amigos o, peor aún, terror a hacer el ridículo. Pedro tenía tantos miedos que dejaba de hacer lo que realmente quería. Tantos, pero tantos miedos, que no podía ser el cerdito que realmente era.

Pero el verano pasado Pedro decidió que era suficiente. No iba a dejar de pasárselo bien con sus amigos solo porque no se animaba a poner una pata en el agua. Así que se calzó sus minisalvavidas en los brazos (superando también su miedo a hacer el ridículo) y se sumergió en el lago.

Ahora, Pedro está terminando el primer año del curso para ser guardacostas. Y después, quién sabe, empezar el entrenamiento para ser bombero.

NIVEL **

Altura:
28 cm (orejas incluidas)

Materiales:
– Hilo de algodón mediano en:
  · rosa
  · blanco
  · azul
  · rojo
  · negro
– Aguja de crochet de 2,75 mm (C-2)
– Ojos de plástico de seguridad de 8 mm
– Vellón siliconado

Nota: *La cabeza y el cuerpo están tejidos en una sola pieza.*

HOCICO

(con rosa)
Tejan 6 cad. Tejan en ambos lados de la cadena base.
1v: Comiencen en el segundo p cad desde la aguja, 1 aum, 3 mp, 4 mp en último p cad.
Continúen sobre el otro lado de la cadena base, 3 mp, 1 aum [14].
2v: 1 aum, 5 mp, 2 aum, 5 mp, 1 aum [18].
3v: 2 aum, 6 mp, 3 aum, 6 mp, 1 aum [24].
4v: Tejan tomando solo la hebra trasera, 1 mp en cada uno de los 24 mp [24].
5v-6v: 1 mp en cada uno de los 24 mp [24].
Corten dejando una hebra larga para coser. Con color rosa, retomen en el primer punto delantero de la vuelta 4 y tejan una vuelta de 24 pe. Corten la hebra y escondan el hilo.
Borden la boca y los orificios de la nariz con hilo negro.
Rellenen un poco el hocico.

CABEZA Y CUERPO

(con rosa)
1v: Tejan un anillo de 6 mp [6].
2v: 1 aum en cada uno de los 6 mp [12].
3v: (1 mp, 1 aum) repitan 6 veces [18].
4v: (2 mp, 1 aum) repitan 6 veces [24].
5v: (3 mp, 1 aum) repitan 6 veces [30].
6v: (4 mp, 1 aum) repitan 6 veces [36].
7v: (5 mp, 1 aum) repitan 6 veces [42].
8v: (6 mp, 1 aum) repitan 6 veces [48].
9v: (7 mp, 1 aum) repitan 6 veces [54].
10v-20v: 1 mp en cada uno de los 54 mp [54].
21v: (4 mp, 1 dism) repitan 9 veces [45].
22v: (3 mp, 1 dism) repitan 9 veces [36].
23v: (4 mp, 1 dism) repitan 6 veces [30].
Cosan el hocico entre las vueltas 16 y 22, del lado opuesto al inicio de las vueltas. Coloquen los ojos entre las vueltas 17 y 18, a unos 3 mp de

distancia del hocico. Rellenen la cabeza.

24v: 1 mp en cada uno de los 30 mp [30].

25v: (4 mp, 1 aum) repitan 6 veces [36].

26v-28v: 1 mp en cada uno de los 36 mp [36].

29v: (5 mp, 1 aum) repitan 6 veces [42].

30v-36v: 1 mp en cada uno de los 42 mp [42].
Continúen con un patrón a rayas, alternando una vuelta en color blanco con una vuelta en azul.

37v: (6 mp, 1 aum) repitan 6 veces [48].

38v-44v: 1 mp en cada uno de los 48 mp [48].

45v: (6 mp, 1 dism) repitan 6 veces [42].

46v-47v: 1 mp en cada uno de los 42 mp [42].

PATAS

Dividan el tejido marcando 3 puntos para el espacio central delantero entre las patas, 3 puntos para el espacio trasero y 18 puntos para cada extremidad (acá es muy útil el marcador de puntos). Si las patas no quedaran bien alineadas con la cabeza, tejan o destejan algunos mp hasta llegar a la posición deseada. Unan con 1 mp el último punto para la pata en la parte trasera con el primer punto en la parte delantera (este mp de unión contará como el primer mp de la primera vuelta). Así, los puntos para la primera pata estarán unidos para seguir tejiendo en vueltas. Continúen tejiendo:

48v-49v: 1 mp en cada uno de los 18 mp [18].
Cambien a color rosa.

50v: Tejan tomando solo la hebra trasera, 1 mp en cada uno de los 18 mp [18].

51v-59v: 1 mp en cada uno de los 18 mp [18].
Rellenen firmemente el torso y la primera pata.

60v: (1 mp, 1 dism) repitan 6 veces [12].

61v: 6 dism [6].
Corten dejando una hebra larga para cerrar los últimos 6 puntos. Con la aguja de tapicería, pasen por el medio de cada punto y ajusten hasta cerrar el agujero. Rematen.

Segunda pata

Con azul, retomen en el cuarto punto sin tejer de la espalda en la vuelta 47. Desde este punto, comiencen a tejer la segunda pata.

48v: 1 mp en cada uno de los 18 mp. Al llegar al punto 18, unan con 1 mp al primer punto de la vuelta (el que se hizo al retomar el tejido) [18].

49v-61v: Repitan el patrón de la primera pata. Terminen de rellenar el cuerpo y la segunda pata. Con una aguja de tapicería, cierren la separación entre las patas cosiendo los 3 puntos centrales.

BRAZOS

(hagan 2 con rosa)
1v: Tejan un anillo de 6 mp [6].
2v: 1 aum en cada uno de los 6 mp [12].
3v-4v: 1 mp en cada uno de los 12 mp [12].
5v: 1 mp, 1 p mota, 10 mp [12].
6v-16v: 1 mp en cada uno de los 12 mp [12].
17v: (1 mp, 1 dism) repitan 4 veces [8].
Corten dejando una hebra larga para coser.
Rellenen los brazos. Cósanlos entre las vueltas
26 y 27.

COLITA

(con rosa)
Tejan 9 p cad.
1h: Comiencen en el segundo p cad desde la
aguja, 1 aum en cada uno de los 8 p cad [16]
Corten dejando una hebra larga para coser.
Cósanla en la vuelta 40, aproximadamente.

OREJAS

(hagan 2 con rosa)
1v: Tejan un anillo de 5 mp [5].
2v: 1 mp en cada uno de los 5 mp [5].
3v: 1 aum en cada uno de los 5 mp [10].
4v: 1 mp en cada uno de los 10 mp [10].
5v: (1 mp, 1 aum) repitan 5 veces [15].
6v: 1 mp en cada uno de los 15 mp [15].
7v: (2 mp, 1 aum) repitan 5 veces [20].

8v-11v: 1 mp en cada uno de los 20 mp [20].
12v: (2 mp, 1 dism) repitan 5 veces [15].
13v-14v: 1 mp en cada uno de los 15 mp [15].
Corten dejando una hebra larga para coser.
No las rellenen. Aplanen y doblen las orejas al
medio. Den un par de puntadas en el interior
para que se mantengan dobladas al coserlas en
la cabeza.

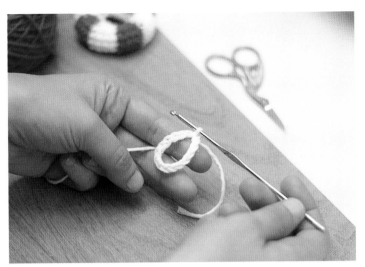

MINISALVAVIDAS

(hagan 2, comiencen con blanco)
Tejan 16 p cad. Asegúrense de que la cadena
no esté torcida y unan ambos extremos con un
punto enano. Continúen trabajando en espiral.
Tejan alternando colores (blanco y rojo). El color
con el que se trabaja se indica entre paréntesis.
1v: ((blanco) 1 mp, 1 aum, (rojo) 1 mp, 1 aum)
repitan 8 veces [24].
2v: ((blanco) 2 mp, 1 aum, (rojo) 2 mp, 1 aum)
repitan 8 veces [32].

3v-7v: ((blanco) 4 mp, (rojo) 4 mp) repitan 8 veces
[32].
8v: ((blanco) 2 mp, 1 dism, (rojo) 2 mp 1 dism)
repitan 8 veces [24].
9v: ((blanco) 1 mp, 1 dism, (rojo) 1 mp, 1 dism)
repitan 8 veces [16].
Corten dejando una hebra larga para coser.
Cosan la vuelta 9 con la vuelta 1 para formar un
aro. Rellénenlos a medida que cosan.

Hans Oso Pardo

Cansado de la vida en la gran ciudad y la sofocante sensación de estar encerrado en un pequeño departamento (no es muy fan de la hibernación), Hans decidió mudarse a un espacio más abierto, alejado de todo el mundo y de la vida "enlatada" de la ciudad. Así que se trasladó a la playa, cerca de la bahía de Tofino, en Canadá. Ahora Hans es feliz cultivando su propia comida, atrapando su propio pescado y aprendiendo a surfear con los lugareños. Lo único que realmente echa de menos es el falafel, por lo que está planteándose seriamente abrir un restaurante exclusivamente dedicado a esas fantásticas bolitas de garbanzos.

NIVEL ✶✶

Altura:
30 cm
(orejas incluidas)

Materiales:
– Hilo de algodón
  mediano en:
  · marrón
  · mostaza
  · blanco
  · azul
  · rojo
  · celeste
  · negro
– Aguja de crochet de
  2,75 mm (C-2)
– Aguja de crochet de
  4 mm (G-6)
– Ojos de plástico de
  seguridad de 8 mm
– Vellón siliconado

Nota: *La cabeza y el cuerpo están tejidos en una sola pieza. Usen siempre la aguja de 2,75 salvo que se indique lo contrario.*

HOCICO

(con mostaza)
1v: Tejan un anillo de 6 mp [6].
2v: 1 aum en cada uno de los 6 mp [12].
3v: (1 mp, 1 aum) repitan 6 veces [18].
4v-7v: 1 mp en cada uno de los 18 mp [18].
Corten dejando una hebra larga para coser. Con negro, borden la nariz y la boca. Rellenen el hocico.

CABEZA Y CUERPO

(comiencen con marrón)
1v: Tejan un anillo de 6 mp [6].
2v: 1 aum en cada uno de los 6 mp [12].
3v: (1 mp, 1 aum) repitan 6 veces [18].
4v: (2 mp, 1 aum) repitan 6 veces [24].
5v: (3 mp, 1 aum) repitan 6 veces [30].
6v: (4 mp, 1 aum) repitan 6 veces [36].
7v: (5 mp, 1 aum) repitan 6 veces [42].
8v: (6 mp, 1 aum) repitan 6 veces [48].
9v: (7 mp, 1 aum) repitan 6 veces [54].
10v-22v: 1 mp en cada uno de los 54 mp [54].

23v: (4 mp, 1 dism) repitan 9 veces [45].
24v: (3 mp, 1 dism) repitan 9 veces [36].
Cosan el hocico entre las vueltas 17 y 23, del lado opuesto al inicio de las vueltas. Coloquen los ojos entre las vueltas 18 y 19, a 4 mp de distancia del hocico.
25v: (4 mp, 1 dism) repitan 6 veces [30].
26v: (3 mp, 1 dism) repitan 6 veces [24].
27v: (2 mp, 1 dism) repitan 6 veces [18].
28v: 1 mp en cada uno de los 18 mp [18].
Rellenen la cabeza. Continúen con un patrón a rayas, alternando una vuelta en color blanco con una vuelta en azul.
29v: (2 mp, 1 aum) repitan 6 veces [24].
30v: (3 mp, 1 aum) repitan 6 veces [30].
31v: (4 mp, 1 aum) repitan 6 veces [36].
32v-35v: 1 mp en cada uno de los 36 mp [36].
36v: (8 mp, 1 aum) repitan 4 veces [40].
37v-39v: 1 mp en cada uno de los 40 mp [40].
Cambien a color marrón.
40v: Tejan tomando solo la hebra trasera, 1 mp en cada uno de los 40 mp [40].
41v-45v: 1 mp en cada uno de los 40 mp [40].

PATAS

Dividan el tejido marcando 2 puntos para el espacio central delantero entre las patas, 2 puntos para el espacio trasero y 18 puntos para cada extremidad (acá es muy útil el marcador de puntos). Si las patas no quedaran bien alineadas con la cabeza, tejan o destejan algunos mp hasta llegar a la posición deseada. Unan con 1 mp el último punto para la pata en la parte trasera con el primer punto en la parte delantera (este punto de unión contará como el primer mp de la primera vuelta). Así, los puntos para la primera pata estarán unidos para seguir tejiendo en vueltas. Continúen tejiendo:

46v-67v: 1 mp en cada uno de los 18 mp [18]. Rellenen firmemente el torso y la primera pata.
68v: (1 mp, 1 dism) repitan 6 veces [12].
69v: 6 dism [6].

Corten dejando una hebra larga para cerrar los últimos 6 puntos. Con la aguja de tapicería, pasen por el medio de cada punto y ajusten hasta cerrar el agujero. Rematen.

Segunda pata
Con marrón, retomen en el tercer punto sin tejer de la espalda en la vuelta 45. Desde este punto, comiencen a tejer la segunda pata.
46v: 1 mp en cada uno de los 18 mp. Al llegar al punto 18, unan con 1 mp al primer punto de la vuelta (el que se hizo al retomar el tejido) [18].
47v-69v: Repitan el patrón de la primera pata. Terminen de rellenar el cuerpo y la segunda pata. Con una aguja de tapicería, cierren la separación entre las patas cosiendo los 2 puntos centrales.

BRAZOS

(hagan 2, comiencen con marrón)
1v: Tejan un anillo de 6 mp [6].
2v: 1 aum en cada uno de los 6 mp [12].
3v-4v: 1 mp en cada uno de los 12 mp [12].
5v: 1 mp, 1 p mota, 10 mp [12].
6v-17v: 1 mp en cada uno de los 12 mp [12].
Continúen con un patrón a rayas, alternando una vuelta en color blanco con una vuelta en azul.
18v-20v: 1 mp en cada uno de los 12 mp [12].
21v: (1 mp, 1 dism) repitan 4 veces [8].
Corten dejando una hebra larga para coser. Rellenen los brazos. Cósanlos entre las vueltas 30 y 31.

COLA

(con marrón)
1v: Tejan un anillo de 6 mp [6].
2v: 1 mp en cada uno de los 6 mp [6].
Corten dejando una hebra larga para coser. No la rellenen.

GORRO

(con rojo)
1v: Tejan un anillo de 6 mp [6].
2v: 1 aum en cada uno de los 6 mp [12].
3v: (1 mp, 1 aum) repitan 6 veces [18].
4v: (2 mp, 1 aum) repitan 6 veces [24].
5v: (3 mp, 1 aum) repitan 6 veces [30].
6v: (4 mp, 1 aum) repitan 6 veces [36].
7v: (5 mp, 1 aum) repitan 6 veces [42].
8v: (6 mp, 1 aum) repitan 6 veces [48].
9v: (7 mp, 1 aum) repitan 6 veces [54].
10v: (8 mp, 1 aum) repitan 6 veces [60].
11v-12v: 1 mp en cada uno de los 60 mp [60].
13v: 18 mp, 8 cad, saltar 8 p, 8 mp, 8 cad, saltar 8 p, 18 mp [60].
14v-17v: 1 mp en cada uno de los 60 mp [60].
18v-20v: 1 mp elástico en cada uno de los 60 p [60].
Corten la hebra y rematen.

OREJAS

(hagan 2, con marrón)
1v: Tejan un anillo de 6 mp [6].
2v: 1 aum en cada uno de los 6 mp [12].
3v-6v: 1 mp en cada uno de los 12 mp [12].
Corten dejando una hebra larga para coser.
No las rellenen. Antes de coser, aplanen y tengan
en cuenta la ubicación de los agujeros del gorro.

CHALECO

(en celeste, con aguja de crochet de 4 mm (G-6))
Tejan 29 cad. Tejan en hileras, ida y vuelta.
1h: Comiencen en el segundo p cad desde la
aguja, 3 mp, 3 mp en sig p, 5 mp, 3 mp en sig p, 8 mp,
3 mp en sig p, 5 mp, 3 mp en sig p, 3 mp, 1 cad y giren
el tejido [36].
2h: 4 mp, 3 mp en el sig p, 7 mp, 3 mp en el sig p,
10 mp, 3 mp en el sig p, 7 mp, 3 mp en el sig p, 4 mp,
1 cad y giren el tejido [44].
3h: 6 mp, 5 cad, saltar 9 p, 14 mp, 5 cad, salten 9 p,
6 mp, 1 cad y giren el tejido [36].
4h: 6 mp, 1 mp en cada una de las 5 cad, 14 mp, 1 mp
en cada una de las 5 cad, 6 mp, 1 cad y giren el tejido
[36].
5h-11h: 1 mp en cada uno de los 36 mp, 1 cad y giren
el tejido [36].
Al finalizar la última hilera, sin girar el tejido, tejan
una vuelta de mp alrededor de todo el chaleco.
Corten la hebra y rematen.

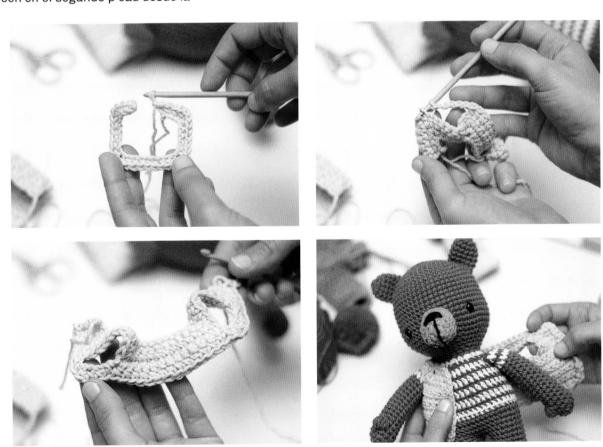

Murray Nutria

Murray nació cerca de los acantilados de Bromore, en la costa oeste de Irlanda. Le encanta todo lo relacionado con su hogar: el océano, las orillas rocosas, la brisa salada y, obviamente, la comida de mar. Cualquier cosa con pescado, marisco, col o patatas está en su lista de favoritos del menú, especialmente si vienen fritos. Murray supo lo que quería ser desde la primera vez que vio un documental de Jacques Cousteau: explorador, conservacionista y cineasta. Como no necesitaba un submarino para sumergirse en las profundidades del mar, Murray compró una bicicleta amarilla y la llamó Calypso. Ahora la usa para explorar el Wild Atlantic Way. Por supuesto, la bicicleta está equipada con una linda canasta donde puede guardar su almuerzo, pescado y patatas fritas.

NIVEL **

Altura:
30 cm
(orejas incluidas)

Materiales:
– Hilo de algodón
  mediano en:
  · visón
  · crudo
  · blanco
  · azul
  · negro
  · amarillo
– Aguja de crochet
  de 2,75 mm (C-2)
– Ojos de plástico de
  seguridad de 8 mm
– Vellón siliconado

Nota: *La cabeza y el cuerpo están tejidos en una sola pieza.*

HOCICO

(comiencen con crudo)
Tejan alternando colores (crudo y visón) usando la técnica Jacquard. El color con el que se trabaja se indica antes entre paréntesis.
Comiencen con color crudo.
Tejan 6 cad. Tejan en ambos lados de la cadena base.
1v: (crudo) Comiencen en el segundo p cad desde la aguja, 1 aum, 3 mp, 2 mp en último p (visón) 2 mp más en el último p. Continúen en el otro lado de la cadena base, 3 mp, 1 aum [14].
2v: (crudo) 1 aum, 5 mp, 1 aum, (visón) 1 aum, 5 mp, 1 aum [18].
3v: (crudo) 1 mp, 1 aum, 5 mp, 1 aum, 1 mp, (visón) 1 mp, 1 aum, 5 mp, 1 aum, 1 mp [22].
4v-5v: (crudo) 11 mp, (visón) 11 mp [22]. Corten dejando una hebra larga para coser. Con hilo negro, borden la nariz y la boca. Rellénenlo un poco.

CABEZA Y CUERPO

(comiencen con visón)
1v: Tejan un anillo de 6 mp [6].
2v: 1 aum en cada uno de los 6 mp [12].
3v: (1 mp, 1 aum) repitan 6 veces [18].
4v: (2 mp, 1 aum) repitan 6 veces [24].
5v: (3 mp, 1 aum) repitan 6 veces [30].
6v: (4 mp, 1 aum) repitan 6 veces [36].
7v: (5 mp, 1 aum) repitan 6 veces [42].
8v: (6 mp, 1 aum) repitan 6 veces [48].
9v-11v: 1 mp en cada uno de los 48 mp [48].
12v: (7 mp, 1 aum) repitan 6 veces [54].
13v-14v: 1 mp en cada uno de los 54 mp [54].
15v: (8 mp, 1 aum) repitan 6 veces [60]. Cambien a crudo.
16v-17v: 1 mp en cada uno de los 60 mp [60].
18v: (8 mp, 1 dism) repitan 6 veces [54].
19v: (7 mp, 1 dism) repitan 6 veces [48].
20v: (6 mp, 1 dism) repitan 6 veces [42].
Cosan el hocico entre las vueltas 12 y 19, del lado opuesto al inicio de las vueltas.

Coloquen los ojos entre las vueltas 15 y 16,
a 4 mp del hocico.

21v: (5 mp, 1 dism) repitan 6 veces [36].
22v: (4 mp, 1 dism) repitan 6 veces [30].
23v: 1 mp en cada uno de los 30 mp [30].
Continúen con un patrón a rayas, alternando una
vuelta en color azul con dos vueltas en blanco
24v: 1 mp en cada uno de los 30 mp [30].
25v: (4 mp, 1 aum) repitan 6 veces [36].
Rellenen la cabeza.
26v-30v: 1 mp en cada uno de los 36 mp [36].
31v: (5 mp, 1 aum) repitan 6 veces [42].
32v-36v: 1 mp en cada uno de los 42 mp [42].
Cambien a visón.
37v: Tejan tomando solo la hebra trasera (6 mp,
1 aum) y repitan 6 veces [48].
38v-58v: 1 mp en cada uno de los 48 mp [48].
59v: (6 mp, 1 dism) repitan 6 veces [42].
60v-61v: 1 mp en cada uno de los 42 mp [42].
62v: (5 mp, 1 dism) repitan 6 veces [36].
63v-64v: 1 mp en cada uno de los 36 mp [36].

PATAS

Dividan el tejido marcando 4 puntos para el
espacio central delantero entre las patas,
4 puntos para el espacio trasero y 14 puntos
para cada extremidad (acá es muy útil el
marcador de puntos). Si las patas no quedaran
bien alineadas con la cabeza, tejan o destejan
algunos mp hasta llegar a la posición deseada.
Unan con 1 mp el último punto para la pata en
la parte trasera con el primer punto en la parte
delantera (este punto de unión contará como el
primer mp de la primera vuelta). Así, los puntos
para la primera pata estarán unidos para seguir
tejiendo en vueltas. Continúen tejiendo:
65v-69v: 1 mp en cada uno de los 14 mp [14].
Rellenen firmemente el torso y la primera pata.
70v: 7 dism [7].
Corten dejando una hebra larga para cerrar los
últimos 7 puntos. Con la aguja de tapicería, pasen
por el medio de cada punto y ajusten hasta cerrar
el agujero. Rematen.

Segunda pata
Con visón, retomen en el quinto punto sin tejer
de la espalda en la vuelta 64. Desde este punto,
comiencen a tejer la segunda pata.
65v: 1 mp en cada uno de los 14 mp. Al llegar al
punto 14, unan con 1 mp al primer punto de la
vuelta (el que se hizo al retomar el tejido) [14].
66v-70v: Repitan el patrón de la primera pata.
Terminen de rellenar el cuerpo y la segunda
pata. Con una aguja de tapicería, cierren la
separación entre las patas cosiendo los 4 puntos
centrales.

BRAZOS

(hagan 2, con visón)
1v: Tejan un anillo de 5 mp [5].
2v: 1 aum en cada uno de los 5 mp [10].
3v: 1 mp, 1 p mota, 8 mp [10].
4v-14v: 1 mp en cada uno de los 10 mp [10].
Cambien a blanco.
15v: 1 mp en cada uno de los 10 mp [10].
Continúen con un patrón a rayas, alternando una
vuelta en color azul y dos vueltas en blanco.
16v-19v: 1 mp en cada uno de los 10 mp [10].
20v: (3 mp, 1 dism) repitan 2 veces [8].
Corten dejando una hebra larga para coser.
Rellénenlos. Cósanlos entre las vueltas 25 y 26.

OREJAS

(hagan 2, con visón)
1v: Tejan un anillo de 5 mp [5].
2v: 1 aum en cada uno de los 5 mp [10].
3v: 1 mp en cada uno de los 10 mp [10].
Corten dejando una hebra larga para coser. No
las rellenen. Aplánenlas y cósanlas a la cabeza.

COLA

(con visón)

1v: Tejan un anillo de 6 mp [6].
2v: 1 mp en cada uno de los 6 mp [6].
3v: (1 mp, 1 aum) repitan 3 veces [9].
4v-5v: 1 mp en cada uno de los 9 mp [9].
6v: (2 mp, 1 aum) repitan 3 veces [12].
7v-8v: 1 mp en cada uno de los 12 mp [12].
9v: (3 mp, 1 aum) repitan 3 veces [15].
10v-11v: 1 mp en cada uno de los 15 mp [15].
12v: (4 mp, 1 aum) repitan 3 veces [18].
13v-14v: 1 mp en cada uno de los 18 mp [18].
15v: (5 mp, 1 aum) repitan 3 veces [21].
16v-17v: 1 mp en cada uno de los 21 mp [21].
18v: (6 mp, 1 aum) repitan 3 veces [24].
19v-20v: 1 mp en cada uno de los 24 mp [24].
21v: (7 mp, 1 aum) repitan 3 veces [27].
22v-23v: 1 mp en cada uno de los 27 mp [27].

24v: (8 mp, 1 aum) repitan 3 veces [30].
25v-26v: 1 mp en cada uno de los 30 mp [30].
Corten dejando una hebra larga para coser.
Rellénenla. Cosan la cola entre las vueltas 50 y 60,
aproximadamente.

CHALECO

(en amarillo)

Tejan 38 cad. Tejan media vareta en hileras, ida y vuelta.
1h: Comiencen en el tercer p cad desde la aguja, 36 mv, 2 cad
y giren el tejido [36].
2h: 5 mv, 6 cad, saltar 6 p, 14 mv, 6 cad, salten 6 p, 5 mv,
2 cad y giren el tejido [36].
3h: (5 mv, 1 aum) repitan 6 veces, 2 cad y giren el tejido [42].
4h: 1 mv en cada una de las 42 mv, 2 cad y giren el tejido [42].
5h: 1 mv en cada una de las 42 mv [42].
Corten la hebra y rematen.

69

René Yacaré

René es un yacaré nacido en Pantanal, Brasil, pero la mayor parte de su familia es de la provincia de Corrientes, en Argentina, así que habla ambos idiomas. Por suerte, no es fanático del fútbol. René es geógrafo y trabaja como independiente para National Geographic y las universidades más prestigiosas del mundo. No cree en los estereotipos ni en lo preestablecido, especialmente por lo que respecta a modas o códigos de vestimenta. Por eso solo lleva puestas prendas que le hagan feliz. Últimamente, René no sale de su casa sin su corbata de moño azul y el bonete que usó en su cumpleaños. La vida es demasiado corta para preocuparse por los gustos y problemas de tolerancia de los demás.

NIVEL *

Altura:
25 cm

Materiales:
– Hilo de algodón mediano en:
· verde
· blanco
· azul
· rojo
· rosa
· verde oscuro
– Aguja de crochet de 2,75 mm (C-2)
– Ojos de plástico de seguridad de 8 mm
– Vellón siliconado

CABEZA

(con verde)
Tejan 13 cad. Tejan en ambos lados de la cadena base.
1v: Comiencen en el segundo p cad desde la aguja, 1 aum, 10 mp, 3 mp en último p. Continúen en el otro lado de la cadena base, 11 mp [26].
2v: 2 aum, 10 mp, 3 aum, 10 mp, 1 aum [32].
3v: 1 mp en cada uno de los 32 mp [32].
4v: 4 mp, 1 p mota, 8 mp, 1 p mota, 18 mp [32].
5v-14v: 1 mp en cada uno de los 32 mp [32].
15v: (7 mp, 1 aum) repitan 4 veces [36].
16v-30v: 1 mp en cada uno de los 36 mp [36].
31v: (4 mp, 1 dism) repitan 6 veces [30].
32v: 1 mp en cada uno de los 30 mp [30].
33v: (3 mp, 1 dism) repitan 6 veces [24].
Rellenen la cabeza.
34v: (2 mp, 1 dism) repitan 6 veces [18].
35v: (1 mp, 1 dism) repitan 6 veces [12].
36v: 6 dism [6].
Corten dejando una hebra larga. Con la aguja de tapicería, pasen la hebra por el medio de cada uno de los puntos restantes y ajusten hasta cerrar el agujero. Rematen. Con verde oscuro, borden algunas líneas pequeñas en el hocico del yacaré.

OJOS

(hagan 2, con verde)
1v: Tejan un anillo de 6 mp [6].
2v: 1 aum en cada uno de los 6 mp [12].
3v-5v: 1 mp en cada uno de los 12 mp [12].
Corten dejando una hebra larga para coser. Coloquen los ojos de seguridad entre las hileras 3 y 4.
Rellenen un poquito y cosan a la cabeza entre las vueltas 11 y 15, a 4 puntos de distancia entre sí.

CACHETES

(hagan 2, con rosa)
1v: Tejan un anillo de 8 mp [8].
Corten dejando una hebra larga para coser.

CUERPO

(comiencen con verde)

Tejan 24 cad. Asegúrense de que la cadena no esté torcida y unan ambos extremos con un punto enano. Continúen trabajando en espiral.

Consejo: Al comenzar la cadena, dejen una hebra larga para coser el cuerpo a la cabeza sin necesidad de unir otro hilo. Esto servirá para todos los muñecos que se tejen de esta manera (Daniel Jack Russell, Robin Unicornio y Gertrudis Dragona).

1v-2v: 1 mp en cada uno de los 24 p [24].
Continúen con un patrón a rayas, alternando una vuelta en color blanco con una vuelta en azul.
3v: (3 mp, 1 aum) repitan 6 veces [30].
4v-10v: 1 mp en cada uno de los 30 mp [30].
11v: (4 mp, 1 aum) repitan 6 veces [36].
12v-17v: 1 mp en cada uno de los 36 mp [36].
Cambien a color verde.
18v: Tejan tomando solo la hebra trasera (5 mp, 1 aum) y repitan 6 veces [42].
19v-32v: 1 mp en cada uno de los 42 mp [42].
33v: (5 mp, 1 dism) repitan 6 veces [36].
34v-36v: 1 mp en cada uno de los 36 mp [36].

PATAS

Dividan el tejido marcando 6 puntos para el espacio central delantero entre las patas, 6 puntos para el espacio trasero y 12 puntos para cada extremidad (acá es muy útil el marcador de puntos).
Unan con 1 mp el último punto para la pata en la parte trasera con el primer punto en la parte delantera (este punto de unión contará como el primer mp de la primera vuelta). Así, los puntos para la primera pata estarán unidos para seguir tejiendo en vueltas. Continúen tejiendo:
37v-42v: 1 mp en cada uno de los 12 mp [12].
Rellenen firmemente el torso y la primera pata.
43v: 6 dism [6].
Corten dejando una hebra larga para cerrar los últimos 6 puntos. Con la aguja de tapicería, pasen por el medio de cada punto y ajusten hasta cerrar el agujero. Rematen.

Segunda pata

Con verde, retomen en el séptimo punto sin tejer de la espalda en la vuelta 36. Desde este punto, comiencen a tejer la segunda pata.
37v: 1 mp en cada uno de los 12 mp. Al llegar al punto 12, unan con 1 mp al primer punto de la vuelta (el que se hizo al retomar el tejido) [12].
38v-43v: Repitan el patrón de la primera pata.
Terminen de rellenar el cuerpo y la segunda pata. Con una aguja de tapicería, cierren la separación entre las patas cosiendo los 6 puntos centrales.
Cosan la cabeza al cuerpo.

BRAZOS

(hagan 2, con verde)

1v: Tejan un anillo de 5 mp [5].
2v: 1 aum en cada uno de los 5 mp [10].
3v-10v: 1 mp en cada uno de los 10 mp [10].
Continúen en patrón a rayas, alternando una vuelta en color azul con una vuelta en blanco.
11v-22v: 1 mp en cada uno de los 10 mp [10].
23v: (3 mp, 1 dism) repitan 2 veces [8].
Corten dejando una hebra larga para coser. Rellénenlos un poco. Cósanlos entre las vueltas 3 y 4 del cuerpo.

COLA

(con verde)

1v: Tejan un anillo de 6 mp [6].
2v: 1 mp en cada uno de los 6 mp [6].
3v: (1 mp, 1 aum) repitan 3 veces [9].
4v-5v: 1 mp en cada uno de los 9 mp [9].
6v: (2 mp, 1 aum) repitan 3 veces [12].
7v-8v: 1 mp en cada uno de los 12 mp [12].
9v: (3 mp, 1 aum) repitan 3 veces [15].
10v-11v: 1 mp en cada uno de los 15 mp [15].
12v: (4 mp, 1 aum) repitan 3 veces [18].
13v-14v: 1 mp en cada uno de los 18 mp [18].
15v: (5 mp, 1 aum) repitan 3 veces [21].
16v-17v: 1 mp en cada uno de los 21 mp [21].
18v: (6 mp, 1 aum) repitan 3 veces [24].
19v-20v: 1 mp en cada uno de los 24 mp [24].
21v: (7 mp, 1 aum) repitan 3 veces [27].
22v-23v: 1 mp en cada uno de los 27 mp [27].
24v: (8 mp, 1 aum) repitan 3 veces [30].

25v-26v: 1 mp en cada uno de los 30 mp [30]. Corten dejando una hebra larga para coser. Rellénenla. Cosan la cola entre las vueltas 25 y 34, aproximadamente.

CORBATA DE MOÑO

(con azul)
Tejan 22 cad. Asegúrense de que la cadena no esté torcida y unan ambos extremos con un punto enano. Continúen trabajando en espiral.
1v-4v: 1 mp en cada uno de los 22 p [22].
Corten la hebra y rematen.

Cinta del medio
Tejan 9 cad. No las unan.
1h: Comiencen en el segundo p cad desde la aguja, 8 mp [8].
Corten dejando una hebra larga para coser. Envuelvan la corbata con la cinta y unan ambos extremos para cerrarlos. Cósanlo al cuerpo del yacaré.

BONETE

(comiencen con rojo)
1v: Tejan un anillo de 6 mp [6].
2v: 1 mp en cada uno de los 6 mp [6].
Continúen con un patrón a rayas, alternando dos vueltas en color blanco con dos vueltas en rojo.
3v: 1 aum en cada uno de los 6 mp [12].
4v-5v: 1 mp en cada uno de los 12 mp [12].
6v: (1 mp, 1 aum) repitan 6 veces [18].
7v-8v: 1 mp en cada uno de los 18 mp [18].
9v: (2 mp, 1 aum) repitan 6 veces [24].
10v: 1 mp en cada uno de los 24 mp [24].
Corten dejando una hebra larga para coser. Hagan un pompón en amarillo y cósanlo a la punta del bonete.

Ramón Burro

Ramón es astrónomo y viaja por todo el mundo buscando los mejores lugares para observar los cielos. Su próximo proyecto es fundar un observatorio público y gratuito en los Andes, para que todo el mundo tenga la posibilidad de ver y aprender sobre las galaxias, nebulosas y constelaciones que tanto le fascinan.

Obviamente, Ramón creció viendo la serie Cosmos de Carl Sagan y es fan de Star Trek (y también es fan de Star Wars, pero ni digan nada porque los trekkies son un tanto sensibles, je, je). "Que la fuerza te acompañe."

NIVEL **(*)

Altura:
37 cm
(orejas incluidas)

Materiales:
– Hilo de algodón mediano en:
. visón
. crudo
. blanco
. gris pizarra
. negro
. restos de varios colores para el poncho
– Aguja de crochet de 2,75 mm (C-2)
– Ojos de plástico de seguridad de 10 mm
– Vellón siliconado

Nota: La cabeza y el cuerpo están tejidos en una sola pieza.

HOCICO

(con crudo)
1v: Tejan un anillo de 6 mp [6].
2v: 1 aum en cada uno de los 6 mp [12].
3v: (1 mp, 1 aum) repitan 6 veces [18].
4v: (2 mp, 1 aum) repitan 6 veces [24].
5v-9v: 1 mp en cada uno de los 24 mp [24]. Corten dejando una hebra larga para coser. Con negro, borden la nariz y la boca. Rellénenlo.

CABEZA Y CUERPO

(comiencen con visón)
1v: Tejan un anillo de 6 mp [6].
2v: 1 aum en cada uno de los 6 mp [12].
3v: (1 mp, 1 aum) repitan 6 veces [18].
4v: (2 mp, 1 aum) repitan 6 veces [24].
5v: (3 mp, 1 aum) repitan 6 veces [30].
6v: (4 mp, 1 aum) repitan 6 veces [36].
7v: (5 mp, 1 aum) repitan 6 veces [42].
8v: (6 mp, 1 aum) repitan 6 veces [48].
9v: (7 mp, 1 aum) repitan 6 veces [54].
10v-22v: 1 mp en cada uno de los 54 mp [54].
23v: (4 mp, 1 dism) repitan 9 veces [45].
24v: (3 mp, 1 dism) repitan 9 veces [36].
25v: (4 mp, 1 dism) repitan 6 veces [30]. Cosan el hocico entre las vueltas 17 y 24, del lado opuesto al inicio de las vueltas. Coloquen los ojos entre las vueltas 18 y 19, a 3 mp de distancia del hocico.
26v: (3 mp, 1 dism) repitan 6 veces [24].
27v: (2 mp, 1 dism) repitan 6 veces [18].
28v: 1 mp en cada uno de los mp [18]. Rellenen la cabeza. Continúen en patrón a rayas, alternando una vuelta en color blanco con una vuelta en gris pizarra.
29v: (2 mp, 1 aum) repitan 6 veces [24].
30v: (3 mp, 1 aum) repitan 6 veces [30].
31v: (4 mp, 1 aum) repitan 6 veces [36].
32v-35v: 1 mp en cada uno de los 36 mp [36].
36v: (8 mp, 1 aum) repitan 4 veces [40].
37v-39v: 1 mp en cada uno de los 40 mp [40].
Cambien a color visón.
40v: Tejan tomando solo la hebra trasera, 1 mp en cada uno de los 40 mp [40].
41v-45v: 1 mp en cada uno de los 40 mp [40].

PATAS

Dividan el tejido marcando 2 puntos para el espacio central delantero entre las patas, 2 puntos para el espacio trasero y 18 puntos para cada extremidad (acá es muy útil el marcador de puntos).
Unan con 1 mp el último punto para la pata en la parte trasera con el primer punto en la parte delantera (este punto de unión contará como el primer mp de la primera vuelta). Así, los puntos para la primera pata estarán unidos para seguir tejiendo en vueltas. Continúen tejiendo:
46v-67v: 1 mp en cada uno de los 18 mp [18].
Rellenen firmemente el torso y la primera pata.
68v: (1 mp, 1 dism) repitan 6 veces [12].
69v: 6 dism [6].
Corten dejando una hebra larga para cerrar los últimos 6 puntos. Con la aguja de tapicería, pasen por el medio de cada punto y ajusten hasta cerrar el agujero. Remáten.

Segunda pata

Con visón, retomen en el tercer punto sin tejer de la espalda en la vuelta 45. Desde este punto, comiencen a tejer la segunda pata.
46v: 1 mp en cada uno de los 18 mp. Al llegar al punto 18, unan con 1 mp al primer punto de la vuelta (el que se hizo al retomar el tejido) [18].
47v-69v: Repitan el patrón de la primera pata.
Terminen de rellenar el cuerpo y la segunda pata. Con una aguja de tapicería, cierren la separación entre las patas cosiendo los 2 puntos centrales.

BRAZOS

(hagan 2, comiencen con visón)
1v: Tejan un anillo de 6 mp [6].
2v: 1 aum en cada uno de los 6 mp [12].
3v-4v: 1 mp en cada uno de los 12 mp [12].
5v: 1 mp, 1p mota, 10 mp [12].
6v-17v: 1 mp en cada uno de los 12 mp [12].
Continúen con un patrón a rayas, alternado una vuelta con color blanco con una vuelta en gris pizarra.
18v-20v: 1 mp en cada uno de los 12 mp [12].
21v: (1 mp, 1 dism) repitan 4 veces [8].
Corten dejando una hebra larga para coser. Rellénenlos.
Cósanlos entre las vueltas 30 y 31.

OREJAS

(hagan 2, comiencen con visón)
1v: Tejan un anillo de 6 mp [6].
2v: 1 mp en cada uno de los 6 mp. [6].
A partir de la sig vuelta, tejan alternando colores (visón y crudo). El color con el que se trabaja se indica antes entre paréntesis.
3v: (visón) 4 aum, (crudo) 2 aum [12].
4v: (visón) 8 mp, (crudo) 4 mp [12].
5v: (visón) (1 mp, 1 aum) repitan 4 veces, (crudo) (1 mp, 1 aum) repitan 2 veces [18].
6v: (visón) 12 mp, (crudo) 6 mp [18].
7v: (visón) (2 mp, 1 aum) repitan 4 veces, (crudo) (2 mp, 1 aum) repitan 2 veces [24].
8v-22v: (visón) 16 mp, (crudo) 8 mp [24].
Corten dejando una hebra larga para coser. No las rellenen.
Dóblenlas y cósanlas a la cabeza.

COLA

(comiencen con negro)
1v: Tejan un anillo de 5 mp [5].
2v-4v: 1 mp en cada uno de los 5 mp [5].
Cambien a color visón.
5v-7v: 1 mp en cada uno de los 5 mp [5].
Corten dejando una hebra larga para coser. No la rellenen.

PELO

Inserten la aguja de crochet en la parte superior de la cabeza, en el medio del anillo mágico.
Tejan 6 cad.
1h: Comiencen en el segundo p cad desde la aguja, 5 p enano [5].
Unan con p enano al punto sig en la cabeza.
Inserten la aguja en el sig punto desde el anillo mágico y tejan 6 cad. Giren, 5 p enano.
Unan con p enano al punto sig en la cabeza.
Continúen trabajando el pelo de esta forma, haciendo alrededor de 5 vueltas
(cuantas más vueltas, más pelo tendrá el burro).

PONCHO

Nota: *Para tejer el poncho utilizo la técnica Tapestry siguiendo el diagrama a continuación. También se puede tejer en un solo color, o en un patrón a rayas.*

(comiencen con el color principal)

Tejan 48 cad. Asegúrense de que la cadena no esté torcida y unan ambos extremos con un p enano. Continúen trabajando en espiral.

1v: 1 mp en cada uno de los 48 p cad [48].
2v: 23 mp, 3 mp en el sig p, 23 mp, 3 mp en el sig p [52].
3v: 1 mp en cada uno de los 52 mp [52].

4v: 24 mp, 3 mp en el sig p, 25 mp, 3 mp en el sig p, 1 mp [56].
5v: 1 mp en cada uno de los 56 mp [56].
6v: 25 mp, 3 mp en el sig p, 27 mp, 3 mp en el sig p, 2 mp [60].
7v: 1 mp en cada uno de los 60 mp [60].
8v: 26 mp, 3 mp en el sig p, 29 mp, 3 mp en el sig p, 3 mp [64].
9v: 1 mp en cada uno de los 64 mp [64].
10v: 27 mp, 3 mp en el sig p, 31 mp, 3 mp en el sig p, 4 mp [68].
11v: 1 mp en cada uno de los 68 mp [68].
12v: 28 mp, 3 mp en el sig p, 33 mp, 3 mp el sig p, 5 mp [72].
13v: 1 mp en cada uno de los 72 mp [72].
14v: 29 mp, 3 mp en el sig p, 35 mp, 3 mp en el sig p, 6 mp [76].
15v: 1 mp en cada uno de los 76 mp [76].
16v: 30 mp, 3 mp en el sig p, 37 mp, 3 mp en el sig p, 7 mp [80].
17v: 1 mp en cada uno de los 80 mp [80].
18v: 31 mp, 3 mp en el sig p, 39 mp, 3 mp en el sig p, 8 mp [84].
19v: 1 mp en cada uno de los 84 mp [84].

Corten la hebra y rematen. Terminen el poncho agregando algunos flecos o borlas.

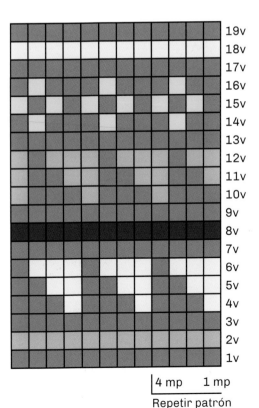

4 mp   1 mp
Repetir patrón

Lola Panda

Gran sibarita, Lola nació en las montañas de Qinling, China, pero ha vivido en San Francisco desde que tenía cinco años. A diferencia de la mayoría de sus parientes, cuya dieta es en un 99 % a base de bambú, Lola solo come esta gramínea si está sofrita con cebollas, guisantes, tocino crujiente y champiñones. Sí, Lola prefiere sus comidas un poquito más elaboradas y, si es posible, probar un plato diferente todos los días. Trabaja como escritora gastronómica para varias revistas y publicaciones especializadas en agroecología. Es una de las mejores amigas de Hans Oso Pardo (algunos dicen que el amor está en el aire).

NIVEL **(*)

Altura:
24 cm
(orejas incluidas)

Materiales:
– Hilo de algodón
  mediano en:
  · crudo
  · gris oscuro
  · verde azulado
  · blanco
  · rosa
– Aguja de crochet de
  2,75 mm (C-2)
– Ojos de plástico de
  seguridad de 8 mm
– Vellón siliconado

Nota: *La cabeza y el cuerpo están tejidos en una sola pieza.*

HOCICO

(con crudo)
Tejan 6 cad. Tejan en ambos lados de la cadena base.
1v: Comiencen en el segundo p cad desde la aguja, 4 mp, 3 mp en último p. Continúen en el otro lado de la cadena base, 3 mp, 1 aum [12].
2v: 1 aum, 3 mp, 3 aum, 3 mp, 2 aum [18].
3v-4v: 1 mp en cada uno de los 18 mp [18]. Corten dejando una hebra larga para coser. Con negro, borden la nariz y la boca. Rellénenlo un poquito.

CABEZA Y CUERPO

(comiencen con crudo)
1v: Tejan un anillo de 6 mp [6].
2v: 1 aum en cada uno de los 6 mp [12].
3v: (1 mp, 1 aum) repitan 6 veces [18].
4v: (2 mp, 1 aum) repitan 6 veces [24].
5v: (3 mp, 1 aum) repitan 6 veces [30].
6v: (4 mp, 1 aum) repitan 6 veces [36].
7v: (5 mp, 1 aum) repitan 6 veces [42].
8v: (6 mp, 1 aum) repitan 6 veces [48].
9v: (7 mp, 1 aum) repitan 6 veces [54].
10v-12v: 1 mp en cada uno de los 54 mp [54].
A partir de la sig vuelta, tejan alternando colores (crudo y gris oscuro). El color con el que se trabaja se indica antes entre paréntesis.
13v: (crudo) 19 mp, (gris oscuro) 3 mp, (crudo) 10 mp, (gris oscuro) 3 mp, (crudo) 19 mp [54].
14v: (crudo) 18 mp, (gris oscuro) 5 mp, (crudo) 8 mp, (gris oscuro) 5 mp, (crudo) 18 mp [54].
15v-16v: (crudo) 17 mp, (gris oscuro) 6 mp, (crudo) 8 mp, (gris oscuro) 6 mp, (crudo) 17 mp [54].
17v: (crudo) 17 mp, (gris oscuro) 5 mp, (crudo) 10 mp, (gris oscuro) 5 mp, (crudo) 17 mp [54].
18v: (crudo) 17 mp, (gris oscuro) 4 mp, (crudo) 12 mp, (gris oscuro) 4 mp, (crudo) 17 mp [54].
Cambien a crudo.
19v-20v: 1 mp en cada uno de los 54 mp [54].
Cosan el hocico entre las vueltas 12 y 17. Coloquen los ojos de seguridad entre las vueltas 15 y 16, a 2 mp

de distancia del hocico. Con rosa, borden los cachetes.

Cambien a gris oscuro.

21v: (8mp, 1 aum) repitan 6 veces [60].

22v-24v: 1 mp en cada uno de los 60 mp [60].

Cambien a crudo.

25v-42v: 1 mp en cada uno de los 60 mp [60].

43v: (8 mp, 1 dism) repitan 6 veces [54].

44v-45v: 1 mp en cada uno de los 54 mp [54].

46v: (7 mp, 1 dism) repitan 6 veces [48].

47v: 1 mp en cada uno de los 48 mp [48].

PATAS

Dividan el tejido marcando 6 puntos para el espacio central delantero entre las patas, 6 puntos para el espacio trasero y 18 puntos para cada extremidad (acá es muy útil el marcador de puntos).

Unan con 1 mp el último punto para la pata en la parte trasera con el primer punto en la parte delantera (este punto de unión contará como el primer mp de la primera vuelta). Así, los puntos para la primera pata estarán unidos para seguir tejiendo en vueltas. Continúen tejiendo:

Cambien a gris oscuro.

48v-52v: 1 mp en cada uno de los 18 mp [18].

Rellenen firmemente el torso y la primera pata.

53v: (1 mp, 1 dism) repitan 6 veces [12].

54v: 6 dism [6].

Corten dejando una hebra larga para cerrar los últimos 6 puntos. Con la aguja de tapicería, pasen por el medio de cada punto y ajusten hasta cerrar el agujero. Rematen.

Segunda pata

Con gris oscuro, retomen en el séptimo punto sin tejer de la espalda en la vuelta 47. Desde este punto, comiencen a tejer la segunda pata.

48v: 1 mp en cada uno de los 18 mp. Al llegar al punto 18, unan con 1 mp al primer punto de la vuelta (el que se hizo al retomar el tejido) [18].

49v-54v: Repitan el patrón de la primera pata.

Terminen de rellenar el cuerpo y la segunda pata. Con una aguja de tapicería, cierren la separación entre las patas cosiendo los 6 puntos centrales.

OREJAS

(hagan 2, con gris oscuro)

1v: Tejan un anillo de 6 mp [6].

2v: 1 aum en cada uno de los 6 mp [12].

3v-5v: 1 mp en cada uno de los 12 mp [12].

Corten dejando una hebra larga para coser. No las rellenen. Aplánenlas y cósanlas a la cabeza.

BRAZOS

(hagan 2, con gris oscuro)

1v: Tejan un anillo de 5 mp [5].

2v: 1 aum en cada uno de los 5 mp [10].

3v: 1 mp en cada uno de los 10 mp [10].

4v: (1 mp, 1 aum) repitan 5 veces [15].

5v-14v: 1 mp en cada uno de los 15 mp [15].

Corten dejando una hebra larga para coser. Rellénenlos. Cósanlos entre las vueltas 21 y 22.

COLA

(con crudo)

1v: Tejan un anillo de 5 mp [5].

2v-3v: 1 mp en cada uno de los 5 mp [5].

Corten dejando una hebra larga para coser. No la rellenen.

Segunda pata

Con mostaza, retomen en el cuarto punto sin tejer de la espalda en la vuelta 43. Desde este punto, comiencen a tejer la segunda pata.

44v: 1 mp en cada uno de los 15 mp. Al llegar al punto 15, unan con 1 mp al primer punto de la vuelta (el que se hizo al retomar el tejido) [15].

45v-73v: Repitan el patrón de la primera pata.

Terminen de rellenar el cuerpo y la segunda pata. Con una aguja de tapicería, cierren la separación entre las patas cosiendo los 3 puntos centrales.

BRAZOS

(hagan 2, comiencen con mostaza)

1v: Tejan un anillo de 6 mp [6].

2v: 1 aum en cada uno de los 6 mp [12].

3v-4v: 1 mp en cada uno de los 12 mp [12].

5v: 1 mp, 1 p mota, 10 mp [12].

6v-18v: 1 mp en cada uno de los 12 mp [12].

Cambien a rosa.

19v-21v: 1 mp en cada uno de los 12 mp [12].

22v: (1 mp, 1 dism) repitan 4 veces [8].

Corten dejando una hebra larga para coser. Rellénenlos. Cósanlos entre las vueltas 28 y 29.

OREJAS

(hagan 2, comiencen con negro)

1v: Tejan un anillo de 6 mp [6].

2v: 1 aum en cada uno de los 6 mp [12].

Cambien a mostaza.

3v-5v: 1 mp en cada uno de los 12 mp [12].

Corten dejando una hebra larga para coser. Con crudo, borden tres líneas. No las rellenen. Aplánenlas y cósanlas a la cabeza.

COLA

(comiencen con negro)

1v: Tejan un anillo de 5 mp [5].

2v: 1 aum en cada uno de los 5 mp [10].

3v-6v: 1 mp en cada uno de los 10 mp [10].

Cambien a mostaza.

7v-10v: 1 mp en cada uno de los 10 mp [10].

Rellenen un poco y continúen rellenando a medida que tejan. Sigan con un patrón a rayas, alternando 2 vueltas de negro con 3 vueltas de mostaza.

11v-25v: 1 mp en cada uno de los 10 mp [10].

Continúen con un patrón a rayas, alternando una vuelta de negro con 2 vueltas de mostaza.

26v-42v: 1 mp en cada uno de los 10 mp [10].

Corten dejando una hebra larga para coser. De ser necesario, agreguen más relleno. Cosan la cola en la parte de atrás, centrada alrededor de la vuelta 38.

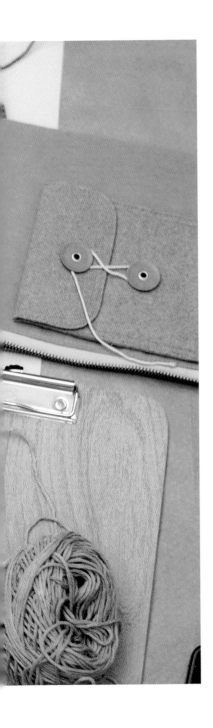

JUMPER

(con azul petróleo)
Tejan 42 cad. Asegúrense de que la cadena no esté torcida y unan ambos extremos con un punto enano. Continúen trabajando en espiral.
1v: 1 mp en cada uno de los 42 p cad [42].
2v: (6 mp, 1 aum) repitan 6 veces [48].
3v: (7 mp, 1 aum) repitan 6 veces [54].
4v: (8 mp, 1 aum) repitan 6 veces [60].
5v-9v: 1 mp en cada uno de los 60 mp [60].
10v: 1 p enano en cada uno de los 60 mp [60].
Corten la hebra y rematen.

Continúen trabajando en la pechera, tomando 8 puntos centrales de la vuelta 1 de la falda y tejiendo en hileras horizontales, ida y vuelta. Retomen insertando la aguja de crochet desde el lado derecho del tejido, hagan una cadena y sigan trabajando de la sig manera:
1h-4h: 1 mp en cada uno de los 8 mp, 1 cad y giren el tejido [8].
5h: 1 mp en cada uno de los 8 mp.
Sin cortar la hebra, continúen tejiendo los tirantes y la cintura:
Tejan 26 cad, comiencen en el segundo p cad desde la aguja, 25 mp. Continúen trabajando sobre el lado izquierdo de la pechera y tejan 1 mp en cada uno de los 5 puntos finales de hilera.
Continúen tejiendo alrededor de la cintura, 34 mp. Sigan sobre el lado derecho de la pechera y tejan 1 mp en cada uno de los 5 puntos finales de hilera.
Tejan 26 cad, comiencen en el segundo p cad desde la aguja, 25 mp. Terminen en el borde superior de la pechera, tejiendo 8 p enano.
Corten la hebra y rematen. Crucen los tirantes en la espalda y cósanlos a la falda con un espacio de 8 puntos.

Víctor Rana

Luego de que su bisabuelo se hiciera famoso en un cortometraje de Bugs Bunny cantando "Hello, my baby", toda la familia de Víctor entró al mundo de las artes escénicas, trabajando tanto debajo como arriba del escenario. Víctor prefirió sentir las luces en su rostro, por lo que estudió toda su vida para convertirse en un artista de la vieja escuela de Hollywood. Al igual que Fred Astaire y Gene Kelly, no solo es un buen actor, sino también un destacado cantante y bailarín. Ha viajado por todo el mundo con su compañía de teatro y conoce prácticamente a todos en la industria. El año que viene comienza una nueva producción con sus viejos amigos, Sir Ian McKellen y Sir Patrick Stewart. Víctor no es celoso, pero a él le encantaría que también lo nombraran Sir.

NIVEL **

Altura:
26 cm

Materiales:
– Hilo de algodón mediano en:
  · verde musgo claro
  · blanco
  · rojo
  · amarillo
  · azul
  · rosa
– Aguja de crochet de 2,75 mm (C-2)
– Ojos de plástico de seguridad de 10 mm
– Vellón siliconado

Nota: *La cabeza y el cuerpo están tejidos en una sola pieza.*

BLANCO DEL OJO

(hagan 2, con blanco)
1v: Tejan un anillo de 6 mp [6].
2v: 1 aum en cada uno de los 6 mp [12].
Corten dejando una hebra larga para coser. Reserven.

CABEZA Y CUERPO

(comiencen con verde)
Empiecen con el primer ojo.
1v: Tejan un anillo de 6 mp [6].
2v: 1 aum en cada uno de los 6 mp [12].
3v: (1 mp, 1 aum) repitan 6 veces [18].
4v-5v: 1 mp en cada uno de los 18 mp [18].
Corten la hebra del primer ojo y rematen. Repitan las vueltas 1 a 5 para el segundo ojo, pero no corten el hilo porque los ojos se unirán en la sig vuelta para continuar con la cabeza.

6v: 6 cad, unan con 1 mp al último p del primer ojo, 17 mp alrededor del primer ojo, 6 mp sobre los p cad, 18 mp sobre el segundo ojo, 6 mp sobre los p cad [48].
7v: (7 mp, 1 aum) repitan 6 veces [54].
8v-14v: 1 mp en cada uno de los 54 mp [54].
Tomen los blancos del ojo y coloquen los ojos de plástico en el centro del anillo inicial sin colocar la traba. Ubiquen cada blanco de ojo de manera tal que el ojo plástico se pueda insertar entre las vueltas 4 y 5 de cada ojo. Coloquen la traba y cosan el blanco del ojo a los ojos de la cabeza Con rosa, borden los cachetes.
15v: (8 mp, 1 aum) repitan 6 veces [60].
16v-26v: 1 mp en cada uno de los 60 mp [60].
Continúen siguiendo el patrón Jacquard, alternando blanco y rojo (ver diagrama en pág. 93).
27v-33v: 1 mp en cada uno de los 60 mp [60].

PATAS

Dividan el tejido marcando 15 puntos para el espacio central delantero entre las patas, 15 puntos para el espacio trasero y 15 puntos para cada extremidad (acá es muy útil el marcador de puntos).

Unan con 1 mp el último punto para la pata en la parte trasera con el primer punto en la parte delantera (este punto de unión contará como el primer mp de la primera vuelta). Así, los puntos para la primera pata estarán unidos para seguir tejiendo en vueltas. Continúen tejiendo:

34v: 1 mp en cada uno de los 15 mp [15].

Cambien a color verde musgo claro.

35v: Tejan tomando solo la hebra trasera, 1 mp en cada uno de los 15 mp [15].

36v-54v: 1 mp en cada uno de los 15 mp [15].

Rellenen firmemente el torso y la primera pata. Corten dejando una hebra larga para coser. No las cierren.

Segunda pata

Con blanco, retomen en el decimosexto punto sin tejer de la espalda en la vuelta 33. Desde este punto, comiencen a tejer la segunda pata.

34v: 1 mp en cada uno de los 15 mp. Al llegar al punto 15, unan con 1 mp al primer punto de la vuelta (el que se hizo al retomar el tejido) [15].

35v-54v: Repitan el patrón de la primera pata.

Terminen de rellenar el cuerpo y la segunda pata. Con una aguja de tapicería, cierren la separación entre las patas cosiendo los 15 puntos centrales.

PATAS DE RANA

(hagan 2, con amarillo)
1v: Tejan un anillo de 5 mp [5].
2v: 1 aum en cada uno de los 5 mp [10].
3v: 1 mp en cada uno de los 10 mp [10].
4v: (1 mp, 1 aum) repitan 5 veces [15].
5v-7v: 1 mp en cada uno de los 15 mp [15]
8v: (2 mp, 1 aum) repitan 5 veces [20].
9v-18v: 1 mp en cada uno de los 20 mp [20].
Corten dejando una hebra larga para coser. No las rellenen. Aplanen las patas y, usando una aguja de tapicería, ciérrenlas cosiendo la abertura en la última vuelta.
Cosan la pata de rana a la pata.

 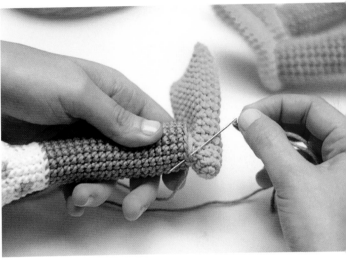

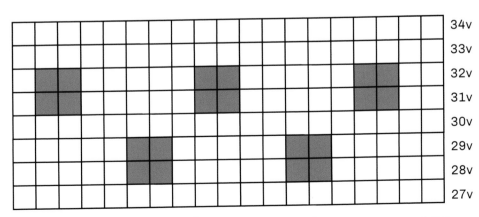

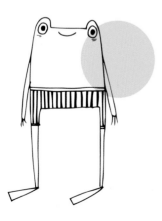

BRAZOS

(hagan 2, con verde musgo claro)
1v: Tejan un anillo de 5 mp [5].
2v: 1 aum en cada uno de los 5 mp [10].
3v-20v: 1 mp en cada uno de los 10 mp [10].
Corten dejando una hebra larga para coser. Rellenen.

Dedos
(con verde musgo claro)
Inserten la aguja de crochet en un punto de la vuelta 1 del brazo, saquen un lazo, tejan 6 cad y giren.
1h: Comiencen en el segundo p cad desde la aguja, 5 p enano [5].
Unan con otro punto enano al punto sig en el brazo.
Tejan 6 cad y repitan la hilera 1 dos veces más.
Corten la hebra y rematen. Cosan los brazos entre las hileras 14 y 15.

SHORTS

(comiencen con blanco)
Tejan 60 cad. Asegúrense de que la cadena no esté torcida y unan ambos extremos con un punto enano. Continúen trabajando en espiral siguiendo el patrón a rayas, alternando una vuelta en blanco con una en azul.
1v-8v: 1 mp en cada uno de los 60 mp [60].
9v: (9 mp, 1 aum) repitan 6 veces [66].
10v-12v: 1 mp en cada uno de los 66 mp [66].

PATAS DEL *SHORT*

Dividan el tejido marcando 15 puntos para el espacio central delantero entre las patas, 15 puntos para el espacio trasero y 18 puntos para cada extremidad (acá es muy útil el marcador de puntos).

Unan con 1 mp el último punto para la pata en la parte trasera con el primer punto en la parte delantera (este punto de unión contará como el primer mp de la primera vuelta). Así, los puntos para la primera pata estarán unidos para seguir tejiendo en vueltas. Continúen tejiendo:

13v-16v: 1 mp en cada uno de los 18 mp [18].
17v: 1 p enano en cada uno de los 18 mp [18].
Corten la hebra y rematen.

Segunda pata del *short*

Con blanco, retomen en el decimosexto punto sin tejer de la espalda en la vuelta 12. Desde este punto, comiencen a tejer la segunda pata.
13v-17v: Repitan el patrón de la primera pata.
Corten la hebra y rematen. Con una aguja de tapicería, cierren la separación entre las patas cosiendo los 15 puntos centrales.

Cintura del *short*

Con blanco, retomen en el primer punto de la vuelta 1.
1v: 1 p enano en cada uno de los 60 p [60].
Corten la hebra y rematen.

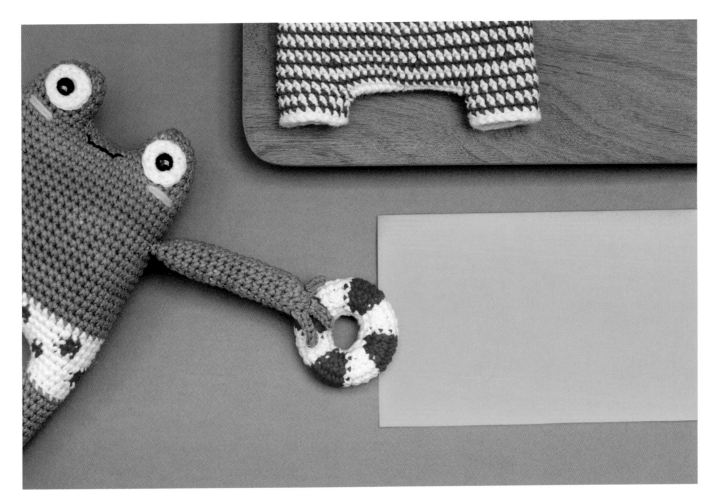

George Mc Ornitorrinco

George empezó su carrera como periodista, pero su verdadero sueño siempre ha sido ser escritor de novelas de ciencia ficción y fantasía. Todavía no se ha atrevido a dejar su trabajo diario, porque sabe que ser escritor profesional no es tarea fácil, pero no va a renunciar a su sueño. Dedica todo su tiempo libre a escribir su primera novela y ya ha publicado algunos cuentos sobre viajes en el tiempo y en el espacio, sus temas favoritos. Y, aunque casi nadie lo sabe –George es muy tímido y no le gusta hablar de sí mismo–, también es un gran guitarrista y le encantaría tener su propia banda de rock&roll. Y ya tiene un nombre: "Encanto bajo el mar".

NIVEL **

Altura:
25 cm

Materiales:
– Hilo de algodón
  mediano en:
  · marrón
  · gris oscuro
  · blanco
  · amarillo
  · gris claro
  · rosa
– Aguja de crochet de
  2,75 mm (C-2)
– Ojos de plástico de
  seguridad de 8 mm
– Vellón siliconado

Nota: La cabeza y el cuerpo están tejidos en una sola pieza.

PICO

**Parte pequeña pegada a la cabeza
(con gris oscuro)**
1v: Tejan un anillo de 6 mp [6].
2v: 1 aum en cada uno de los 6 mp [12].
3v: (1 mp, 1 aum) repitan 6 veces [18].
4v: (2 mp, 1 aum) repitan 6 veces [24].
5v: (3 mp, 1 aum) repitan 6 veces [30].
6v-9v: 1 mp en cada uno de los 30 mp [30].
Corten dejando una hebra larga para coser. No lo rellenen.

**Parte grande
(con gris oscuro)**
1v: Tejan un anillo de 6 mp [6].
2v: 1 aum en cada uno de los 6 mp [12].
3v: (1 mp, 1 aum) repitan 6 veces [18].
4v: (2 mp, 1 aum) repitan 6 veces [24].
5v: (3 mp, 1 aum) repitan 6 veces [30].
6v-15v: 1 mp en cada uno de los 30 mp [30].
Corten dejando una hebra larga para coser. No la rellenen.

CABEZA Y CUERPO

(con marrón)
1v: Tejan un anillo de 6 mp [6].
2v: 1 aum en cada uno de los 6 mp [12].
3v: (1 mp, 1 aum) repitan 6 veces [18].
4v: (2 mp, 1 aum) repitan 6 veces [24].
5v: (3 mp, 1 aum) repitan 6 veces [30].
6v: (4 mp, 1 aum) repitan 6 veces [36].
7v: (5 mp, 1 aum) repitan 6 veces [42].
8v: (6 mp, 1 aum) repitan 6 veces [48].
9v: (7 mp, 1 aum) repitan 6 veces [54].
10v-18v: 1 mp en cada uno de los 54 mp [54].
19v: (8 mp, 1 aum) repitan 6 veces [60].
20v-26v: 1 mp en cada uno de los 60 mp [60].
Cosan la parte pequeña del pico entre las vueltas 10 y 19, del lado opuesto al inicio de las vueltas. Cosan el pico a esta parte pequeña. Coloquen los ojos de seguridad entre las vueltas 17 y 18, a 2 puntos del hocico. Borden los cachetes con hilo rosa.
27v: (9 mp, 1 aum) repitan 6 veces [66].
28v-40v: 1 mp en cada uno de los 66 mp [66].

41v: (9 mp, 1 dism) repitan 6 veces [60].
42v-44v: 1 mp en cada uno de los 60 mp [60].
45v: (8 mp, 1 dism) repitan 6 veces [54].
46v-50v: 1 mp en cada uno de los 54 mp [54].

PATAS

Dividan el tejido marcando 9 puntos para el espacio central delantero entre las patas, 9 puntos para el espacio trasero y 18 puntos para cada extremidad (acá es muy útil el marcador de puntos).
Unan con 1 mp el último punto para la pata en la parte trasera con el primer punto en la parte delantera (este punto de unión contará como el primer mp de la primera vuelta). Así, los puntos para la primera pata estarán unidos para seguir tejiendo en vueltas. Continúen tejiendo:
51v-53v: 1 mp en cada uno de los 18 mp [18].
54v: (4 mp, 1 dism) repitan 3 veces [15].
55v-56v: 1 mp en cada uno de los 15 mp [15].
Rellenen firmemente el torso y la primera pata. Corten dejando una hebra larga para coser. No las cierren.

Segunda pata
Con marrón, retomen en el décimo punto sin tejer de la espalda en la vuelta 50. Desde este punto, comiencen a tejer la segunda pata.
51v: 1 mp en cada uno de los 18 mp. Al llegar al punto 18, unan con 1 mp al primer punto de la vuelta (el que se hizo al retomar el tejido) [18].
52v-56v: Repitan el patrón de la primera pata. Terminen de rellenar el cuerpo y la segunda pata. Con una aguja de tapicería, cierren la separación entre las patas cosiendo los 9 puntos centrales.

PATAS PALMEADAS

(hagan 2 con gris oscuro)
1v: Tejan un anillo de 5 mp [5].
2v: 1 aum en cada uno de los 5 mp [10].
3v: 1 mp en cada uno de los 10 mp [10].
4v: (1 mp, 1 aum) repitan 5 veces [15.]
5v: 1 mp en cada uno de los 15 mp [15].
6v: (2 mp, 1 aum) repitan 5 veces [20].

7v-14v: 1 mp en cada uno de los 20 mp [20].
Corten dejando una hebra larga para coser. No las rellenen. Aplanen y, con una aguja de tapicería, cierren cosiendo la abertura en la última vuelta.

BRAZOS

(hagan 2, con gris oscuro)
Primero, hagan los tres dedos.
1v: Tejan un anillo de 6 mp [6].
2v-4v: 1 mp en cada uno de los 6 mp [6].
Corten la hebra de los dos primeros dedos. No corten la hebra del tercer dedo porque se continuará trabajando desde ahí, uniendo los dedos para formar la mano.
5v: Unan el tercer dedo con el segundo tejiendo 1 mp, 2 mp en el segundo dedo. Inserten la aguja en el primer dedo y tejan 6 mp. Luego, inserten la aguja en el segundo dedo y tejan 3 mp. Por último, inserten la aguja en el tercer dedo y tejan los 6 mp restantes [18].
6v: 1 mp en cada uno de los 18 mp [18].
7v: (4 mp, 1 dism) repitan 3 veces [15].
Cambien a marrón.
8v-10v: 1 mp en cada uno de los 15 mp [15].
11v: (3 mp, 1 dism) repitan 3 veces [12].
12v-17v: 1 mp en cada uno de los 12 mp [12].
Corten dejando una hebra larga para coser. Rellenen un poco. Cosan los brazos entre las vueltas 23 y 24.

SHORTS

(comiencen con blanco)
Tejan 66 cad. Asegúrense de que la cadena no esté torcida y unan ambos extremos con un punto enano. Continúen trabajando en espiral siguiendo el patrón a rayas, alternando dos vueltas en blanco con dos vueltas en amarillo.
1v-7v: 1 mp en cada uno de los 66 p [66].
8v: (10 mp, 1 aum) repitan 6 veces [72].
9v: 1 mp en cada uno de los 72 mp [72].
10v: 4 mp, 14 cad, saltar 14 p, 54 mp [72].
11v-15v: 1 mp en cada uno de los 72 p [72].
16v: (10 mp, 1 dism) repitan 6 veces [66].
17v: 1 mp en cada uno de los 66 mp [66].

PATAS DEL *SHORT*

Dividan el tejido marcando 9 puntos para el espacio central delantero entre las patas, 9 puntos para el espacio trasero y 24 puntos para cada extremidad (acá es muy útil el marcador de puntos).

Unan con 1 mp el último punto para la pata en la parte trasera con el primer punto en la parte delantera (este punto de unión contará como el primer mp de la primera vuelta). Así, los puntos para la primera pata estarán unidos para seguir tejiendo en vueltas. Continúen tejiendo:

18v-20v: 1 mp en cada uno de los 24 mp [24].
21v: 1 p enano en cada uno de los 24 mp [24].
Corten la hebra y rematen.

Segunda pata del *short*

Con amarillo, retomen en el décimo punto sin tejer de la espalda en la vuelta 17. Desde este punto, comiencen a tejer la segunda pata.

18v-21v: Repitan el patrón de la primera pata.
Corten la hebra y rematen. Con una aguja de tapicería, cierren la separación entre las patas cosiendo los 9 puntos centrales.

Cintura del *short*
(con gris claro)
Retomen en el primer punto de la vuelta 1.
1v-2v: 1 mp en cada uno de los 66 p [66].
3v: 1 p enano en cada uno de los 66 mp [66].
Corten la hebra y rematen.

COLA

(con marrón)
1v: Tejan un anillo de 6 mp [6].
2v: 1 aum en cada uno de los 6 mp [12].
3v: (1 mp, 1 aum) repitan 6 veces [18].
4v: (2 mp, 1 aum) repitan 6 veces [24].
5v: (3 mp, 1 aum) repitan 6 veces [30].
6v: (4 mp, 1 aum) repitan 6 veces [36].
7v-12v: 1 mp en cada uno de los 36 mp [36].
13v: (7 mp, 1 dism) repitan 4 veces [32].
14v-15v: 1 mp en cada uno de los 32 mp [32].
16v: (6 mp, 1 dism) repitan 4 veces [28].
17v-18v: 1 mp en cada uno de los 28 mp [28].
19v: (5 mp, 1 dism) repitan 4 veces [24].
20v-24v: 1 mp en cada uno de los 24 mp [24].
Corten dejando una hebra larga para coser. Rellenen un poquito. Reserven. Cósanla entre las vueltas 42 y 43, tomando en cuenta la posición del agujero para la cola en los *shorts*.

MOÑO

(con rosa)
Tejan en hileras horizontales, ida y vuelta.
Tejan 15 cad.
1h: Comiencen en el segundo p cad desde la aguja, 14 mp, 1 cad y giren el tejido [14].
2h-7h: Tomando solo la hebra trasera, 14 mp, 1 cad y giren el tejido [14].
Corten la hebra y rematen.

Cinta del medio del moño
(con rosa)
Tejan 10 cad.
1h: Comiencen en el segundo p cad desde la aguja, 9 mp [9].
Corten dejando una hebra larga para coserla al moño y luego al cuello del ornitorrinco.

Marcos Coatí

Marcos nació en Misiones, Argentina. Como su padre, renombrado entomólogo, trabaja como guardabosques en el Parque Nacional Iguazú. Marcos es especialista en la flora nativa y la historia de las tierras que rodean el parque. Sí, prefiere dejarle los insectos a su padre. Marcos es fanático del fútbol –hincha del Boca Juniors, naturalmente– y no puede vivir un día sin tomarse unos mates y comerse como una docena de chipá (comidas tradicionales guaraníes).

Últimamente ha subido un par de kilos de más. Tal vez más de una docena de chipá por día es un poquito demasiado.

NIVEL **

Altura:
30 cm
(orejas incluidas)

Materiales:
- Hilo de algodón mediano en:
  · naranja
  · crudo
  · negro
  · blanco
  · azul petróleo
  · amarillo
  · rosa
- Aguja de crochet de 2,75 mm (C-2)
- Ojos de plástico de seguridad de 8 mm
- Vellón siliconado

Nota: *La cabeza y el cuerpo están tejidos en una sola pieza.*

HOCICO

(comiencen con negro)
1v: Tejan un anillo de 5 mp [5].
2v: 1 aum en cada uno de los 5 mp [10].
3v: (1 mp, 1 aum) repitan 5 veces [15].
4v-5v: 1 mp en cada uno de los 15 mp [15].
Cambien a color naranja.
6v-7v: 1 mp en cada uno de los 15 mp [15].
8v: 6 mp, 3 aum, 6 mp [18].
9v: 1 mp en cada uno de los 18 mp [18].
A partir de la sig vuelta, tejan alternando colores (crudo y naranja). El color con el que se trabaja se indica antes entre paréntesis.
10v: (crudo) 5 mp, (naranja) 8 mp, (crudo) 5 mp [18].
11v: (crudo) 5 mp, (naranja) 2 mp, (1 mp, 1 aum) repitan 3 veces, (crudo) 5 mp [21].
12v: (crudo) 5 mp, (naranja) 11 mp, (crudo) 5 mp [21].
Corten dejando una hebra larga para coser. Con negro, borden la boca. Rellenen un poco el hocico.

CABEZA Y CUERPO

(comiencen con naranja)
1v: Tejan un anillo de 6 mp [6].
2v: 1 aum en cada uno de los 6 mp [12].
3v: (1 mp, 1 aum) repitan 6 veces [18].
4v: (2 mp, 1 aum) repitan 6 veces [24].
5v: (3 mp, 1 aum) repitan 6 veces [30].

16v: (ocre)14 mp, (crudo) 8 mp, (ocre) 16 mp, (crudo) 8 mp, (ocre) 14 mp [60].
17v-19v: (ocre) 12 mp, (crudo) 12 mp, (ocre) 12 mp, (crudo) 12 mp, (ocre) 12 mp [60].
20v: (ocre) 13 mp, (crudo) 10 mp, (ocre) 14 mp, (crudo) 10 mp, (ocre) 13 mp [60].
21v: (ocre) 14 mp, (crudo) 8 mp, (ocre) 16 mp, (crudo) 8 mp, (ocre) 14 mp [60].
Continúen con color ocre.
22v: 1 mp en cada uno de los 60 mp [60].
23v: (3 mp, 1 dism) repitan 12 veces [48].
24v: (2 mp, 1 dism) repitan 12 veces [36].
25v: (4 mp, 1 dism) repitan 6 veces [30].
Cosan el hocico entre las vueltas 15 y 24, del lado opuesto al inicio de las vueltas. Coloquen los ojos de seguridad entre las vueltas 18 y 19, a 3 mp del hocico.
26v: (3 mp, 1 dism) repitan 6 veces [24].
27v: (2 mp, 1 dism) repitan 6 veces [18].
28v: 1 mp en cada uno de los 18 mp [18].
Rellenen la cabeza. Cambien a color gris.
29v: (2 mp, 1 aum) repitan 6 veces [24].
30v: (3 mp, 1 aum) repitan 6 veces [30].
31v-33v: 1 mp en cada uno de los 30 mp [30].
34v: (4 mp, 1 aum) repitan 6 veces [36].
35v-40v: 1 mp en cada uno de los 36 mp [36].
Cambien a color ocre.
41v: Tejan tomando solo la hebra trasera, 1 mp en cada uno de los 36 mp [36].
42v-46v: 1 mp en cada uno de los 36 mp [36].

PATAS

Dividan el tejido marcando 3 puntos para el espacio central delantero entre las patas, 3 puntos para el espacio trasero y 15 puntos para cada extremidad (acá es muy útil el marcador de puntos).
Unan con 1 mp el último punto para la pata en la parte trasera con el primer punto en la parte delantera (este punto de unión contará como el primer mp de la primera vuelta). Así, los puntos para la primera pata estarán unidos para seguir tejiendo en vueltas. Continúen tejiendo:
47v-72v: 1 mp en cada uno de los 15 mp [15].
Rellenen firmemente el torso y la primera pata.
73v: (1 mp, 1 dism) repitan 5 veces [10].
74v: 5 dism [5].
Corten dejando una hebra larga para cerrar los últimos 5 puntos. Con la aguja de tapicería, pasen por el medio de cada punto y ajusten. Rematen.

Segunda pata
Con ocre, retomen en el cuarto punto sin tejer de la espalda en la vuelta 46. Desde este punto, comiencen a tejer la segunda pata.
47v: 1 mp en cada uno de los 15 mp. Al llegar al punto 15, unan con 1 mp al primer punto de la vuelta (el que se hizo al retomar el tejido) [15].
48v-74v: Repitan el patrón de la primera pata.
Terminen de rellenar el cuerpo y la segunda pata. Con una aguja de tapicería, cierren la separación entre las patas cosiendo los 3 puntos centrales.

BRAZOS

(hagan 2, con ocre)
1v: Tejan un anillo de 6 mp [6].
2v: 1 aum en cada uno de los 6 mp [12].
3v-4v: 1 mp en cada uno de los 12 mp [12]
5v: 1 mp, 1 p mota, 10 mp [12].
6v-20v: 1 mp en cada uno de los 12 mp [12].
21v: (1 mp, 1 dism) repitan 4 veces [8].
Corten dejando una hebra larga para coser. Rellénenlos.
Cósanlos entre las vueltas 30 y 31.

OREJAS

(hagan 2, con ocre)
1v: Tejan un anillo de 5 mp [5].
2v: 1 mp en cada uno de los 5 mp [5].
3v: 1 aum en cada uno de los 5 mp [10].
4v: 1 mp en cada uno de los 10 mp [10].
5v: (1 mp, 1 aum) repitan 5 veces [15].
6v: 1 mp en cada uno de los 15 mp [15].
7v: (2 mp, 1 aum) repitan 5 veces [20].
8v: 1 mp en cada uno de los 20 mp [20].
9v: (3 mp, 1 aum) repitan 5 veces [25].
10v-17v: 1 mp en cada uno de los 25 mp [25].
18v: (3 mp, 1 dism) repitan 5 veces [20].
19v-20v: 1 mp en cada uno de los 20 mp [20].
Corten dejando una hebra larga para coser. No las rellenen.

Interior de la oreja
(hagan 2, con crudo)
Tejan 13 cad. Tejan en ambos lados de la cadena base.
1v: Comiencen en el segundo p cad desde la aguja,
1 aum, 10 mp, 3 mp en el último p. Continúen en el otro lado de la cadena base, 11 mp [26].
2v: 2 aum, 10 mp, 3 aum, 10 mp, 1 aum [32].
Corten dejando una hebra larga para coser. Cosan el interior de la oreja en la oreja ocre. Aplanen y doblen las orejas antes de coserlas a la cabeza.

CUERNOS

(hagan 2, con gris oscuro)
1v: Tejan un anillo de 5 mp [5].
2v: 1 mp en cada uno de los 5 mp [5].
3v: 1 aum en cada uno de los 5 mp [10].
4v-20v: 1 mp en cada uno de los 10 mp [10].
Corten dejando una hebra larga para coser.
Rellénenlos un poco.

COLA

(con ocre)
1v: Tejan un anillo de 5 mp [5].
2v: 1 mp en cada uno de los 5 mp [5].
3v: 1 aum en cada uno de los 5 mp [10].
Corten dejando una hebra larga para coser.
No la rellenen.

FALDA

(con rosa)
Tejan 42 cad. Asegúrense de que la cadena no esté torcida y unan ambos extremos con un punto enano.
Continúen trabajando en espiral.
1v: 1 mp en cada uno de los 42 p cad [42].
2v: (6 mp, 1 aum) repitan 6 veces [48].
3v: (7 mp, 1 aum) repitan 6 veces [54].
4v: (8 mp, 1 aum) repitan 6 veces [60].
5v-8v: 1 mp en cada uno de los 60 mp [60].
9v: 1 p enano en cada uno de los 60 mp [60].
Corten la hebra y rematen.

Cintura de la falda
(con rosa claro)
Retomen en el primer punto de la vuelta 1.
1v: 1 mp en cada uno de los 42 p [42].
2v: 1 p enano en cada uno de los 42 mp [42].
Corten la hebra y rematen.

Harry Lobo

Harry puede parecer un poco hípster, pero él asegura que se viste así –de bien y a la moda– desde que era un lobezno. También afirma ser un amante apasionado de la música desde su primera infancia. A Harry le gusta todo tipo de música, de todos los tiempos y de todo el mundo. Ha dedicado su vida entera a estudiar y escribir sobre este arte. De paso, también está aprendiendo a tocar el acordeón y la gaita, solo porque piensa que son de los instrumentos más extraños y únicos que existen. Bueno, tal vez Harry sea un poco hípster después de todo.

NIVEL ✱✱

Altura:
33 cm
(orejas incluidas)

Materiales:
– Hilo de algodón
  mediano en:
  · gris
  · crudo
  · ocre
  · negro
  · marrón
  · celeste
  · rosa
– Aguja de crochet de
  2,75 mm (C-2)
– Ojos de plástico de
  seguridad de 10 mm
– Vellón siliconado

Nota: La cabeza y el cuerpo están tejidos en una sola pieza.

HOCICO

(comiencen con crudo)
1v: Tejan un anillo de 6 mp [6].
2v: 1 aum en cada uno de los 6 mp [12].
3v: (1 mp, 1 aum) repitan 6 veces [18].
A partir de la sig vuelta, tejan alternando colores (crudo y gris). El color con el que se trabaja se indica antes entre paréntesis.
4v-5v: (crudo) 6 mp, (gris) 6 mp, (crudo) 6 mp [18].
6v: (crudo) (2 mp, 1 aum) repitan 2 veces, (gris) (2 mp, 1 aum) repitan 2 veces, (crudo) (2 mp, 1 aum) repitan 2 veces [24].
7v-9v: (crudo) 8 mp, (gris) 8 mp, (crudo) 8 mp [24].
Corten dejando una hebra larga para coser. Con negro, borden la nariz y la boca. Rellénenlo.

CABEZA Y CUERPO

(comiencen con gris)
1v: Tejan un anillo de 6 mp [6].
2v: 1 aum en cada uno de los 6 mp [12].
3v: (1 mp, 1 aum) repitan 6 veces [18].
4v: (2 mp, 1 aum) repitan 6 veces [24].
5v: (3 mp, 1 aum) repitan 6 veces [30].
6v: (4 mp, 1 aum) repitan 6 veces [36].
7v: (5 mp, 1 aum) repitan 6 veces [42].
8v: (6 mp, 1 aum) repitan 6 veces [48].
9v: (7 mp, 1 aum) repitan 6 veces [54].
10v: 1 mp en cada uno de los 54 mp [54].
A partir de la sig vuelta, tejan alternando colores (crudo y gris). El color con el que se trabaja se indica antes entre paréntesis.
11v: (gris) 13 mp, (crudo) 6 mp, (gris) 16 mp, (crudo) 6 mp, (gris) 13 mp [54].
12v: (gris) 12 mp, (crudo) 9 mp, (gris) 12 mp, (crudo) 9 mp, (gris) 12 mp [54].
13v: (gris) 11 mp, (crudo) 11 mp, (gris) 10 mp, (crudo) 11 mp, (gris) 11 mp [54].
14-16v: (gris) 10 mp, (crudo) 14 mp, (gris) 6 mp, (crudo) 14 mp, (gris) 10 mp [54].

Continúen con color crudo.

17v: 7 mp, 7 aum, 26 mp, 7 aum, 7 mp [68].
18v: 8 mp, (1 aum, 3 mp) repitan 3 veces,1 aum, 27 mp, (1 aum, 3 mp) repitan 3 veces, 1 aum, 7 mp [76].
19v: 8 mp, (1 dism, 3 mp) repitan 3 veces, 1 dism, 27 mp, (1 dism, 3 mp) repitan 3 veces, 1 dism, 7 mp [68].
20v: 7 mp, 7 dism, 26 mp, 7 dism, 7 mp [54].
21v: (7 mp, 1 dism) repitan 6 veces [48].
22v: (6 mp, 1 dism) repitan 6 veces [42].
23v: (5 mp, 1 dism) repitan 6 veces [36].

Cosan el hocico entre las vueltas 14 y 21, del lado opuesto al inicio de las vueltas. Coloquen los ojos de seguridad entre las vueltas 16 y 17, a 3 mp del hocico.

24v: (4 mp, 1 dism) repitan 6 veces [30].
25v: (3 mp, 1 dism) repitan 6 veces [24].
26v: (2 mp, 1 dism) repitan 6 veces [18].
27v: 1 mp en cada uno de los 18 mp [18].
Rellenen la cabeza. Cambien a color ocre.
28v: (2 mp, 1 aum) repitan 6 veces [24].
29v: (3 mp, 1 aum) repitan 6 veces [30].
30v-32v: 1 mp en cada uno de los 30 mp [30].
33v: (4 mp, 1 aum) repitan 6 veces [36].
34v-37v: 1 mp en cada uno de los 36 mp [36].
Cambien a color gris.
38v: Tejan tomando solo la hebra trasera, 1 mp en cada uno de los 36 mp [36].
39v-43v: 1 mp en cada uno de los 36 mp [36].

PATAS

Dividan el tejido marcando 2 puntos para el espacio central delantero entre las patas, 2 puntos para el espacio trasero y 16 puntos para cada extremidad (acá es muy útil el marcador de puntos).
Unan con 1 mp el último punto para la pata en la parte trasera con el primer punto en la parte delantera (este punto de unión contará como el primer mp de la primera vuelta). Así, los puntos para la primera pata estarán unidos para seguir tejiendo en vueltas. Continúen tejiendo:
44v-67v: 1 mp en cada uno de los 16 mp [16].
Rellenen firmemente el torso y la primera pata.
68v: (2 mp, 1 dism) repitan 4 veces [12].
69v: 6 dism [6].
Corten dejando una hebra larga para cerrar los últimos 6 puntos. Con la aguja de tapicería, pasen por el medio de cada punto y ajusten. Rematen.

Segunda pata
Con gris, retomen en el tercer punto sin tejer de la espalda en la vuelta 43. Desde este punto, comiencen a tejer la segunda pata.
44v: 1 mp en cada uno de los 16 mp. Al llegar al punto 16, unan con 1 mp al primer punto de la vuelta (el que se hizo al retomar el tejido) [16].

45v-69v: Repitan el patrón de la primera pata. Terminen de rellenar el cuerpo y la segunda pata. Con una aguja de tapicería, cierren la separación entre las patas cosiendo los 2 puntos centrales.

BRAZOS

(hagan 2, comiencen con gris)
1v: Tejan un anillo de 6 mp [6].
2v: 1 aum en cada uno de los 6 mp [12].
3v-4v: 1 mp en cada uno de los 12 mp [12].
5v: 1 mp, 1 p mota, 10 mp [12].
6v-16v: 1 mp en cada uno de los 12 mp [12].
Cambien a color ocre.
17v-20v: 1 mp en cada uno de los 12 mp [12].
21v: (1 mp, 1 dism) repitan 4 veces [8].
Corten dejando una hebra larga para coser. Rellénenlos. Cósanlos entre las vueltas 28 y 29.

OREJAS

(hagan 2, con gris)
1v: Tejan un anillo de 6 mp [6].
2v: 1 mp en cada uno de los 6 mp [6].
3v: 1 aum en cada uno de los 6 mp [12].
4v: 1 mp en cada uno de los 12 mp [12].
5v: (1 mp, 1 aum) repitan 6 veces [18].
6v-12v: 1 mp en cada uno de los 18 mp [18].
Corten dejando una hebra larga para coser. Con crudo, borden líneas en el interior. No las rellenen y aplánenlas antes de coserlas.

COLA

(con gris)
1v: Comiencen con un anillo de 6 mp [6].
2v: 1 mp en cada uno de los 6 mp [6].
3v: 1 aum en cada uno de los 6 mp [12].
4v: 1 mp en cada uno de los 12 mp [12].
5v: (1 mp, 1 aum) repitan 6 veces [18].
6v: 1 mp en cada uno de los 18 mp [18].

7v: (2 mp, 1 aum) repitan 6 veces [24].
8v: 1 mp en cada uno de los 24 mp [24].
9v: (3 mp, 1 aum) repitan 6 veces [30].
10v-15v: 1 mp en cada uno de los 30 mp [30].
16v: (4 mp, 1 dism) repitan 5 veces [25].
17v-18v: 1 mp en cada uno de los 25 mp [25].
19v: (3 mp, 1 dism) repitan 5 veces [20].
20v-21v: 1 mp en cada uno de los 20 mp [20].
22v: (2 mp, 1 dism) repitan 5 veces [15].
23v-24v: 1 mp en cada uno de los 15 mp [15].
25v: (1 mp, 1 dism) repitan 5 veces [10].
26v-29v: 1 mp en cada uno de los 10 mp [10].
Corten dejando una hebra larga para coser. Rellenen la cola. Cósanla en la vuelta 40, aproximadamente.

CACHETES

(hagan 2, con rosa)
1v: Tejan un anillo de 8 mp [8].
Corten dejando hebra larga para coser.

BUFANDA /CUELLO

(con marrón)
Tejan 40 cad. Asegúrense de que la cadena no esté torcida y unan ambos extremos con un punto enano. Continúen trabajando en espiral.
1v-10v: 1 mv en cada uno de los 40 p [40].
Corten la hebra y rematen.

MITONES

(hagan 2, con celeste)
1v: Tejan un anillo de 8 mp [8].
2v: 1 aum en cada uno de los 8 mp [16].
3v-4v: 1 mp en cada uno de los 16 mp [16].
5v: 1 mp, 1 p mota de 6 varetas, 14 mp [16].
6v-7v: 1 mp en cada uno de los 16 mp [16].
8v: 1 mp elástico en cada uno de los 16 mp [16].
Corten la hebra y rematen.

Héctor Rinoceronte

Lo primero que notarán de Héctor es que le encanta ser turista, de la manera más turística posible: camisetas floreadas, pantalones cortos y ese modo relajado de vivir las vacaciones, sentado junto a la piscina, observando cómo vuelan los pájaros. De niño, Héctor pasaba largas horas observando a los animales de la sabana, especialmente a los pájaros picabueyes, las aves que lo acompañaban siempre a donde iba.

Ahora, esa capacidad extraordinaria para quedarse quieto por horas, pasando inadvertido como si fuese un turista más, es lo que le permite hacer tan bien su trabajo. Porque Héctor es un etólogo, un científico que estudia el comportamiento de los animales en sus hábitats naturales, algo así como un antropólogo o un sociólogo, pero para animales.

NIVEL **

Altura:
34 cm (orejas y cuernos incluidos)

Materiales:
– Hilo de algodón mediano en:
  · gris
  · crudo
  · blanco
  · amarillo
  · rosa
  · celeste
  · un poquito de marrón
  · verde palta
– Aguja de crochet de 2,75 mm (C-2)
– Ojos de plástico de seguridad de 8 mm
– Vellón siliconado

Nota: La cabeza y el cuerpo están tejidos en una sola pieza.

CABEZA Y CUERPO

(comiencen con gris)
1v: Tejan un anillo de 6 mp [6].
2v: 1 aum en cada uno de los 6 mp [12].
3v: (1 mp, 1 aum) repitan 6 veces [18].
4v: (2 mp, 1 aum) repitan 6 veces [24].
5v: Tejan 13 cad. (Coloquen el marcador de puntos en el primer punto a continuación, ya que este será el nuevo inicio de vueltas). Tejan sobre la cadena, 1 aum, 11 mp, 1 mp sobre mp donde inicia la cad base. Continúen sobre la cabeza, 24 mp, continuar sobre el otro lado de la cadena, 11 mp, 1 aum [51].
6v: 2 aum, 47 mp, 2 aum [55].
7v: (4 mp, 1 aum) repitan 11 veces [66].
8v: 1 mp en cada uno de los 66 mp [66].
9v: (5 mp, 1 aum) repitan 11 veces [77].

Nota: ¡No se asusten! Cuando se teje en ambos lados de una cadena base, el tejido tiende a retorcerse. Esto se solucionará con el relleno.

10v-20v: 1 mp en cada uno de los 77 mp [77].
21v: (3 mp, 1 dism) repitan 3 veces, 45 mp, (1 dism, 3 mp) repitan 3 veces, 1 dism [70].
22v: (2 mp, 1 dism) repitan 2 veces, 54 mp, (1 dism, 2 mp) repitan 2 veces [66].
23v: (9 mp, 1 dism) repitan 6 veces [60].
24v: (1 mp, 1 dism) repitan 3 veces, 42 mp, (1 dism, 1 mp) repitan 3 veces [54].
25v: (1 mp, 1 dism) repitan 3 veces, 36 mp, (1 dism, 1 mp) repitan 3 veces [48].
26v: (6 mp, 1 dism) repitan 6 veces [42]. Coloquen los ojos de seguridad entre las vueltas 16 y 17, a 44 puntos de distancia entre sí.
27v: (2 mp, 1 dism) repitan 3 veces, 18 mp, (1 dism, 2 mp) repitan 3 veces [36].
28v: (4 mp, 1 dism) repitan 6 veces [30].
29v: 15 mp [15] No terminen esta vuelta. Coloquen el marcador de puntos en el primer punto a continuación, ya que este será el nuevo inicio de vueltas (la parte trasera de la cabeza del rinoceronte).
30v: 1 mp en cada uno de los 30 mp [30].

Rellenen la cabeza. Cambien a color crudo.

31v: (4 mp, 1 aum) repitan 6 veces [36].
32v: (5 mp, 1 aum) repitan 6 veces [42].
33v-37v: 1 mp en cada uno de los
42 mp [42].
38v: (6 mp, 1 aum) repitan 6 veces [48].
39v-43v: 1 mp en cada uno de los 48 mp [48].
44v: (7 mp, 1 aum) repitan 6 veces [54].
Borden las flores y las palmeras de la camiseta.
Cambien a color amarillo.
45v: Tejan tomando solo la hebra trasera, 1 mp en cada uno de los 54 mp [54].
Continúen con un patrón Jacquard alternando amarillo y celeste (ver diagrama en pág 119).
46v-47v: 1 mp en cada uno de los 54 mp [54].
48v: (8 mp, 1 aum) repitan 6 veces [60].
49v-51v: 1 mp en cada uno de los 60 mp [60].
52v: (8 mp, 1 dism) repitan 6 veces [54].
53v: 1 mp en cada uno de los 54 mp [54].
54v: (7 mp, 1 dism) repitan 6 veces [48].
55v: 1 mp en cada uno de los 48 mp [48].

PATAS

Dividan el tejido marcando 3 puntos para el espacio central delantero entre las patas, 3 puntos para el espacio trasero y 21 puntos para cada extremidad (acá es muy útil el marcador de puntos).
Unan con 1 mp el último punto para la pata en la parte trasera con el primer punto en la parte delantera (este punto de unión contará como el primer mp de la primera vuelta). Así, los puntos para la primera pata estarán unidos para seguir tejiendo en vueltas. Continúen tejiendo:
56v: 1 mp en cada uno de los 21 mp [21].
Cambien a color gris.
57v: Tejan tomando solo la hebra trasera, 21 mp [21].
58v-72v: 1 mp en cada uno de los 21 mp [21].
Rellenen firmemente el torso y la primera pata.
73v: (1 mp, 1 dism) repitan 7 veces [14].
74v: 7 dism [7].
Corten dejando una hebra larga para cerrar los últimos 7 puntos. Con la aguja de tapicería, pasen por el medio de cada punto y ajusten. Rematen.

Segunda pata
Con amarillo, retomen en el cuarto punto sin tejer de la espalda en la vuelta 54. Desde este punto, comiencen a tejer la segunda pata.
56v: 1 mp en cada uno de los 21 mp. Al llegar al punto 21, unan con 1 mp al primer punto de la vuelta (el que se hizo al retomar el tejido) [21].
57v-74v: Repitan el patrón de la primera pata.
Terminen de rellenar el cuerpo y la segunda pata. Con una aguja de tapicería, cierren la separación entre las patas cosiendo los 3 puntos centrales.

CUERNO GRANDE

(con gris)
1v: Tejan un anillo de 5 mp [5].
2v: 1 mp en cada uno de los 5 mp [5].
3v: 1 aum en cada uno de los 5 mp [10].
4v-5v: 1 mp en cada uno de los 10 mp [10].
6v: (1 mp, 1 aum) repitan 5 veces [15].
7v-8v: 1 mp en cada uno de los 15 mp [15].
9v: (2 mp, 1 aum) repitan 5 veces [20].
10v-11v: 1 mp en cada uno de los 20 mp [20].
12v: (3 mp, 1 aum) repitan 5 veces [25].
13v-14v: 1 mp en cada uno de los 25 mp [25].
15v: (4 mp, 1 aum) repitan 5 veces [30].
16v: 1 mp en cada uno de los 30 mp [30].
Corten dejando una hebra larga para coser. Rellenen.

CUERNO CHICO

(con gris)
1v: Tejan un anillo de 5 mp [5].
2v: 1 mp en cada uno de los 5 mp [5].
3v: 1 aum en cada uno de los 5 mp [10].
4v: 1 mp en cada uno de los 10 mp [10].
5v: (1 mp, 1 aum) repitan 5 veces [15].
6v-7v: 1 mp en cada uno de los 15 mp [15].
Corten dejando una hebra larga para coser. Rellenen.

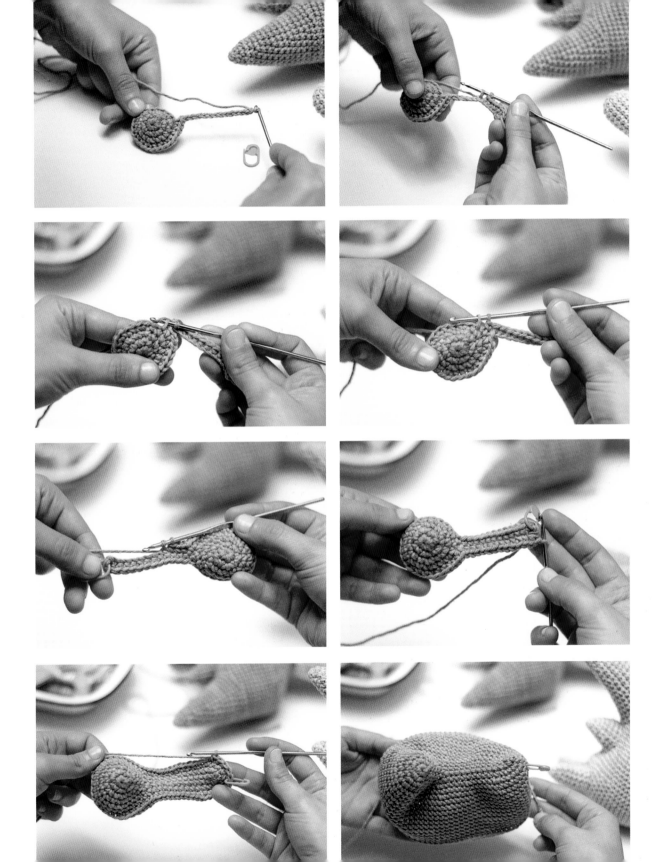

OREJAS

(hagan 2, con gris)
1v: Tejan un anillo de 5 mp [5].
2v: 1 aum en cada uno de los 5 mp [10].
3v: (1 mp, 1 aum) repitan 5 veces [15].
4v-8v: 1 mp en cada uno de los 15 mp [15].
Corten dejando una hebra larga para coser. No las rellenen. Aplanen y doblen las orejas antes de coserlas.

BRAZOS

(hagan 2, comiencen con gris)
1v: Tejan un anillo de 5 mp [5].
2v: 1 aum en cada uno de los 5 mp [10].
3v: (1 mp, 1 aum) repitan 5 veces [15].
4v: 1 mp en cada uno de los 15 mp [15].
5v: 1 mp, 1 p mota, 13 mp [15].
6v-16v: 1 mp en cada uno de los 15 mp [15].
Cambien a color crudo.
17v-21v: 1 mp en cada uno de los 15 mp [15].
22v: (1 mp, 1 dism) repitan 5 veces [10].
Corten dejando una hebra larga para coser. Borden flores y palmeras en las mangas. Rellenen los brazos. Cósanlos entre las vueltas 31 y 32.

SHORTS

(comiencen con blanco)
Tejan 54 cad. Asegúrense de que la cadena no esté torcida y unan ambos extremos con un punto enano. Continúen trabajando en espiral siguiendo el patrón a rayas, alternando una vuelta en blanco con una en verde.
1v-4v: 1 mp en cada uno de los 54 p [54].
5v: (8 mp, 1 aum) repitan 6 veces [60].
6v-14v: 1 mp en cada uno de los 60 mp [60].

PATAS DEL *SHORT*

Dividan el tejido marcando 3 puntos para el espacio central delantero entre las patas, 3 puntos para el espacio trasero y 27 puntos para cada extremidad (acá es muy útil el marcador de puntos).
Unan con 1 mp el último punto para la pata en la parte trasera con el primer punto en la parte delantera (este punto de unión contará como el primer mp de la primera vuelta). Así, los puntos para la primera pata estarán unidos para seguir tejiendo en vueltas. Continúen tejiendo:
15v-21v: 1 mp en cada uno de los 27 mp [27].
22v: 1 p enano en cada uno de los 27 mp [27].
Corten la hebra y rematen.

Segunda pata del *short*
Con verde, retomen en el cuarto punto sin tejer de la espalda en la vuelta 14. Desde este punto, comiencen a tejer la segunda pata.
15v-22v: Repitan el patrón de la primera pata.
Corten la hebra y rematen. Con una aguja de tapicería, cierren la separación entre las patas cosiendo los 3 puntos centrales.

Cintura del *short*
(con amarillo)
Retomen en el primer punto de la vuelta 1.
1v-2v: 1 mp en cada uno de los 54 p [54].
3v: 1 p enano en cada uno de los 54 mp [54].
Corten la hebra y rematen.

CACHETES

(hagan 2, con rosa)
1v: Tejan un anillo de 5 mp [5].
2v: 1 aum en cada uno de los 5 mp [10].
Corten dejando una hebra larga para coserlos a la cabeza.

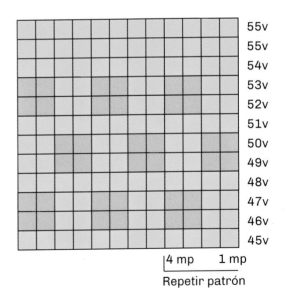

										55v
										55v
										54v
										53v
										52v
										51v
										50v
										49v
										48v
										47v
										46v
										45v

4 mp   1 mp

Repetir patrón

Charles Pájaro Carpintero

A Charles siempre le gustaron los juguetes, incluso mucho después de pasar la edad en la que tener juguetes se considera normal. Por eso, convertirse en fabricante de juguetes fue el camino lógico que seguir. Como toda su familia está en el negocio de la construcción, fácilmente obtuvo todos los materiales y herramientas necesarios para empezar a trabajar. Para dominar el arte, tuvo que aprenderlo casi todo por sí mismo. Afortunadamente, Charles ama los libros... y todos sabemos que en los libros podemos encontrar cualquier cosa que necesitemos aprender.

Así comenzó haciendo juegos de construcción y, con tiempo y práctica, Charles empezó a hacer juguetes más elaborados: casas de muñecas con sus pequeños muebles, trenes y sus vías, y todo tipo de animales.

Ahora está superemocionado porque está aprendiendo a construir juguetes mecánicos y autómatas. ¡Porque siempre se puede aprender algo nuevo leyendo libros!

NIVEL ✳✳✳

Altura:
21 cm (plumas de la cresta incluidas)

Materiales:
– Hilo de algodón mediano (DK) en:
  · rojo
  · crudo
  · azul
  · celeste
  · rosa
– Aguja de crochet de 2,75 mm (C-2)
– Ojos de plástico de seguridad de 10 mm
– Vellón siliconado

Nota: *La cabeza y el cuerpo están tejidos en una sola pieza.*

PICO

(con azul)
1v: Tejan un anillo de 5 mp [5].
2v: 1 mp en cada uno de los 5 mp [5].
3v: (1mp, 1 aum) repitan 2 veces, 1 mp [7].
4v: 1 mp en cada uno de los 7 mp [7].
5v: (2 mp, 1 aum) repitan 2 veces, 1 mp [9].
6v: 1 mp en cada uno de los 9 mp [9].
7v: (3 mp, 1 aum) repitan 2 veces, 1 mp [11].
8v-9v: 1 mp en cada uno de los 11 mp [11].
Corten dejando una hebra larga para coser. Rellenen un poquito.

CABEZA Y CUERPO

(comiencen con rojo)
1v: Tejan un anillo de 6 mp [6].
2v: 1 aum en cada uno de los 6 mp [12].
3v: (1 mp, 1 aum) repitan 6 veces [18].
4v: (2 mp, 1 aum) repitan 6 veces [24].
5v: (3 mp, 1 aum) repitan 6 veces [30].
6v: (4 mp, 1 aum) repitan 6 veces [36].
7v: (5 mp, 1 aum) repitan 6 veces [42].
8v: (6 mp, 1 aum) repitan 6 veces [48].

9v-10v: 1 mp en cada uno de los 48 mp [48].

A partir de la sig vuelta, tejan alternando colores (rojo y crudo). El color con el que se trabaja se indica antes entre paréntesis.

11v: (rojo) 10 mp, (crudo) 8 mp, (rojo) 12 mp, (crudo) 8 mp, (rojo) 10 mp [48].

12v: (rojo) 9 mp, (crudo) 10 mp, (rojo) 10 mp, (crudo) 10 mp, (rojo) 9 mp [48].

13v: (rojo) 9 mp, (crudo) 11 mp, (rojo) 8 mp, (crudo) 11 mp, (rojo) 9 mp [48].

14v: (rojo) 9 mp, (crudo) 12 mp, (rojo) 6 mp, (crudo) 12 mp, (rojo) 9 mp [48].

15v: (rojo) 9 mp, (crudo) 13 mp, (rojo) 4 mp, (crudo) 13 mp, (rojo) 9 mp [48].

16v: (rojo) 9 mp, (crudo) 30 mp, (rojo) 9 mp [48]. Corten la hebra de color rojo. Continúen alternando entre crudo, azul y celeste.

17v: (azul) 9 mp, (celeste) 9 mp, (crudo) 12 mp, (celeste) 9 mp, (azul) 9 mp [48].

18v: (azul) 9 mp, (celeste) 10 mp, (crudo) 10 mp, (celeste) 10 mp, (azul) 9 mp [48].

19v: (azul) 9 mp, (celeste) 11 mp, (crudo) 8 mp, (celeste) 11 mp, (azul) 9 mp [48]

Cosan el pico entre las vueltas 13 y 16. Coloquen los ojos de seguridad entre las vueltas 13 y 14, a 5 mp del pico. Con rosa, borden los cachetes. Corten la hebra de color crudo.

20v-26v: (azul) 9 mp, (celeste) 30 mp, (azul) 9 mp [48].

27v: Tejan 7 cad. Coloquen el marcador de puntos en el primer punto a continuación, ya que este será el nuevo inicio de vueltas (como esta cadena base es la columna del muñeco, es importante que quede alineada justo a la mitad de la espalda; hagan o deshagan puntos de ser necesario). Tejan sobre la cadena, 1 aum, 5 mp, 1 mp sobre el mp donde inicia la cad base. Continúen sobre el cuerpo, 48 mp (alternando azul y celeste como se presentan en las vueltas anteriores) y continúen sobre el otro lado de la cadena, 5 mp, 1 aum [63].

28v: 2 aum, 59 mp, 2 aum [67].

29v-30v: 1 mp en cada uno de los 67 mp [67].

31v: 3 mp, 1 dism, 57 mp, 1 dism, 3 mp [65].

32v: 1 mp en cada uno de los 65 mp [65].

33v: 3 mp, 1 dism, 20 mp, 1 dism, 10 mp, 1 dism, 21 mp, 1dism, 3 mp [61].

34v: 24 mp, 1 dism, 10 mp, 1 dism, 23 mp [59].

35v: 3 mp, 1 dism, 19 mp, 1 dism, 10 mp, 1 dism, 16 mp, 1dism, 3 mp [55].

36v: 23 mp, 1 dism, 10 mp, 1 dism, 18 mp, [53].

37v: 3 mp, 1 dism, 22 mp, 1 dism, 19 mp, 1 dism, 3 mp [50].

38v: 3 mp, 1 dism, 40 mp, 1 dism, 3 mp [48].

39v: (6 mp, 1 dism) repitan 6 veces [42]. Rellenen.

40v: (5 mp, 1 dism) repitan 6 veces [36].

41v: (4 mp, 1 dism) repitan 6 veces [30].

42v: (3 mp, 1 dism) repitan 6 veces [24].

43v: (2 mp, 1 dism) repitan 6 veces [18].

44v: (1 mp, 1 dism) repitan 6 veces [12].

45v: 6 dism [6].

Corten dejando una hebra larga para cerrar los últimos 6 puntos. Con la aguja de tapicería, pasen por el medio de cada punto y ajusten. Rematen.

Con rosa, borden puntadas en forma de V en el pecho del pájaro carpintero.

ALAS

Con patrón a rayas, alternando 2 vueltas en azul con 2 vueltas en crudo.

1v: Tejan un anillo de 6 mp [6].

2v: 1 aum en cada uno de los 6 mp [12].

3v: (1 mp, 1 aum) repitan 6 veces [18].

4v: (2 mp, 1 aum) repitan 6 veces [24].

5v: (3 mp, 1 aum) repitan 6 veces [30].

6v-14v: 1 mp en cada uno de los 30 mp [30].

15v: (3 mp, 1 dism) repitan 6 veces [24].

16v-18v: 1 mp en cada uno de los 24 mp [24].

19v: (2 mp, 1 dism) repitan 6 veces [18].

20v-22v: 1 mp en cada uno de los 18 mp [18].

Corten dejando una hebra larga para coser. No las rellenen. Aplánenlas antes de coserlas. Cosan las alas en diagonal, entre las hileras 17 y 22.

PLUMAS DE LA CRESTA

(hagan 3, con rojo)
1v: Tejan un anillo de 6 mp [6].
2v: 1 aum en cada uno de los 6 mp [12].
3v: 1 mp en cada uno de los 12 mp [12].
4v: (1 mp, 1 aum) repitan 6 veces [18].
5v-6v: 1 mp en cada uno de los18 mp [18].
7v: (4 mp, 1 dism) repitan 3 veces [15].
8v: 1 mp en cada uno de los 15 mp [15].
9v: (3 mp, 1 dism) repitan 3 veces [12].
10v: 1 mp en cada uno de los 12 mp [12].
11v: (2 mp, 1 dism) repitan 3 veces [9].
12v: 1 mp en cada uno de los 9 mp [9].
Rellenen un poquito.
13v: (1 mp, 1 dism) repitan 3 veces [6].
14v: 1 mp en cada uno de los 6 mp [6].
Corten dejando una hebra larga para cerrar los últimos 6 puntos. Con la aguja de tapicería, pasen por el medio de cada punto y ajusten. Dejen la hebra larga para coserlas a la cabeza.

COLA

(con azul)
1v: Tejan un anillo de 6 mp [6].
2v: 1 aum en cada uno de los 6 mp [12].
3v-7v: 1 mp en cada uno de los 12 mp [12].
Corten dejando una hebra larga para coser.
No la rellenen. Aplánenla antes de coserla.

PATITAS

(hagan 2, con azul)
1v: Tejan un anillo de 8 mp [8].
2v-3v: 1 mp en cada uno de los 8 mp [8].
Corten dejando una hebra larga para coser.
Rellenen un poquito. Cosan las patas al frente, entre las vueltas 36 y 39.

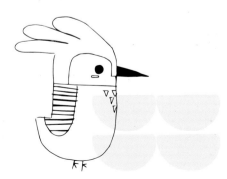

Bony Frailecillo

Al igual que uno de sus mejores amigos, Murray Nutria, Bony nació en el mar y solo deja sus amadas islas para navegar. Desde que era una pichoncita, Bony siempre se sintió fascinada por todas las embarcaciones que navegaban los mares de su hogar. Y aunque no es muy fanática del estudio, se esforzó mucho, muchísimo, para formarse como arquitecta naval. Se especializó en veleros, porque le encanta sentir el viento en las velas y el agua cantando bajo el casco. De vez en cuando, Bony visita a Murray, y juntos navegan hasta Groenlandia. Pero para su próxima aventura están planeando un viaje a aguas más cálidas, el mar Caribe. Murray no ve la hora de sumergirse en busca de galeones hundidos. Bony piensa que encontrar algún tesoro perdido tampoco estaría nada mal.

NIVEL ✱✱

Altura:
26 cm

Materiales:
– Hilo de algodón mediano en:
 · gris oscuro
 · crudo
 · amarillo
 · coral
 · gris
 · blanco
 · granate
– Aguja de crochet de 2,75 mm (C-2)
– Ojos de plástico de seguridad de 10 mm
– Vellón siliconado

Nota: La cabeza y el cuerpo están tejidos en una sola pieza.

PICO

(comiencen con coral)
1v: Tejan un anillo de 5 mp [5].
2v: 1 aum en cada uno de los 5 mp [10].
3v: 1 mp en cada uno de los 10 mp [10].
4v: (1 mp, 1 aum) repitan 5 veces [15].
5v: 1 mp en cada uno de los 15 mp [15].
6v: (2 mp, 1 aum) repitan 5 veces [20].
Cambien a color gris.
7v-8v: 1 mp en cada uno de los 20 mp [20].
Cambien a color amarillo.
9v: 1 mp en cada uno de los 20 mp [20].
Corten dejando una hebra larga para coser. Rellenen muy poquito. Aplánenlo un poco antes de coserlo.

CACHETITOS

(hagan 2, con coral)
1v: Tejan un anillo de 5 mp [5].
Corten dejando una hebra larga para coser.

CABEZA Y CUERPO

(comiencen con gris oscuro)
1v: Tejan un anillo de 6 mp [6].
2v: 1 aum en cada uno de los 6 mp [12].
3v: (1 mp, 1 aum) repitan 6 veces [18].
4v: (2 mp, 1 aum) repitan 6 veces [24].
5v: (3 mp, 1 aum) repitan 6 veces [30].
6v: (4 mp, 1 aum) repitan 6 veces [36].
7v: (5 mp, 1 aum) repitan 6 veces [42].
8v: (6 mp, 1 aum) repitan 6 veces [48].
9v: 1 mp en cada uno de los 48 mp [48].
A partir de la sig vuelta, tejan alternando colores (gris oscuro y crudo). El color con el que se trabaja se indica antes entre paréntesis.
10v: (gris oscuro) 13 mp, (crudo) 22 mp, (gris oscuro) 13 mp [48].
11v: (gris oscuro) 11 mp, (crudo) 26 mp, (gris oscuro) 11 mp [48].
12v: (gris oscuro) 10 mp, (crudo) 28 mp, (gris oscuro) 10 mp [48].
13v: (gris oscuro) 9 mp, (crudo)

30 mp, (gris oscuro) 9 mp [48].

14v: (gris oscuro) 8 mp, (crudo) 32 mp, (gris oscuro) 8 mp [48].

15v: (gris oscuro) 7 mp, (crudo) 34 mp, (gris oscuro) 7 mp [48].

16v: (gris oscuro) 8 mp, (crudo) 32 mp, (gris oscuro) 8 mp [48].

17v: (gris oscuro) 9 mp, (crudo) 30 mp, (gris oscuro) 9 mp [48].

18v: (gris oscuro) 10 mp, (crudo) 28 mp, (gris oscuro) 10 mp [48].

19v: (gris oscuro) 11 mp, (crudo) 26 mp, (gris oscuro) 11 mp [48].

20v: (gris oscuro) 13 mp, (crudo) 22 mp, (gris oscuro) 13 mp [48].

21v: (gris oscuro) (7 mp, 1 aum) repitan 6 veces [54]. Cosan el pico entre las vueltas 11 y 20, en el medio del parche color crudo. Coloquen los ojos de seguridad entre las vueltas 15 y 16, a 4 mp del pico. Con negro, borden una línea pequeña debajo del ojo. Cosan los cachetitos entre las vueltas 17 y 20, a 1 mp del pico. Continúen en patrón Jacquard, alternando amarillo y blanco (ver diagrama en pág. 127).

22v-30v: 1 mp en cada uno de los 54 mp [54]. Cambien a gris oscuro.

31v-34v: 1 mp en cada uno de los 54 mp [54].

35v: Tejan 6 cad. Coloquen el marcador de puntos en el primer punto a continuación, ya que este será el nuevo inicio de vueltas (como esta cadena base es la columna del muñeco, es importante que quede alineada justo a la mitad de la espalda; hagan o deshagan puntos de ser necesario). Tejan sobre la cadena, 5 mp, 1 mp sobre mp donde inicia la cad base. Continúen sobre el cuerpo, 54 mp y continúen sobre el otro lado de la cadena, 4 mp, 1 aum [66].

36v: 2 aum, 62 mp, 2 aum [70].

37v: 2 aum, 66 mp, 2 aum [74].

38v-39v: 1 mp en cada uno de los 74 mp [74].

40v: 2 mp, 1 dism, 66 mp, 1 dism, 2 mp [72].

41v: 1 mp en cada uno de los 72 mp [72].

42v: 2 mp, 1 dism, 64 mp, 1 dism, 2 mp [70].

43v: 1 mp en cada uno de los 70 mp [70].

44v: 27 mp, 1 dism, 12 mp, 1 dism, 27 mp [68].

45v: 2 mp, 1 dism, 60 mp, 1 dism, 2 mp [66].

46v: 27 mp, 1 dism, 8 mp, 1 dism, 27 mp [64].

47v: 2 mp, 1 dism, 56 mp, 1 dism, 2 mp [62].

48v: 27 mp, 1 dism, 4 mp, 1 dism, 27 mp [60].

49v: (8 mp, 1 dism) repitan 6 veces [54]. Rellenen la cabeza y el cuerpo.

50v: (7 mp, 1 dism) repitan 6 veces [48].

51v: (6 mp, 1 dism) repitan 6 veces [42].

52v: (5 mp, 1 dism) repitan 6 veces [36].

53v: (4 mp, 1 dism) repitan 6 veces [30].

54v: (3 mp, 1 dism) repitan 6 veces [24].

55v: (2 mp, 1 dism) repitan 6 veces [18]. De ser necesario, agreguen más relleno.

56v: (1 mp, 1 dism) repitan 6 veces [12].

57v: 6 dism [6].

Corten dejando una hebra larga para cerrar los últimos 6 puntos. Con la aguja de tapicería, pasen por el medio de cada punto y ajusten. Rematen.

PATAS

(hagan 2, con coral)

Tejan 10 cad. Asegúrense de que la cadena no esté torcida y unan ambos extremos con un punto enano. Continúen trabajando en espiral.

1v-8v: 1 mp en cada uno de los 10 p [10]. Corten dejando una hebra larga para coser. Rellenen. No las cierren.

Pata palmeada
(hagan 2, con coral)

1v: Tejan un anillo de 5 mp [5].

2v: 1 mp en cada uno de los 5 mp [5].

3v: 1 aum en cada uno de los 5 mp [10].

4v: 1 mp en cada uno de los 10 mp [10].

5v: (1 mp, 1 aum) repitan 5 veces [15].

6v: 1 mp en cada uno de los 15 mp [15].

7v: (2 mp, 1 aum) repitan 5 veces [20].

8v-10v: 1 mp en cada uno de los 20 mp [20]. Corten dejando una hebra larga para cerrar. No la rellenen. Aplánenla y, usando una aguja de tapicería, cosan el extremo abierto. Cosan la pata palmeada a la pata.

ALAS

(hagan 2, con gris oscuro)
1v: Tejan un anillo de 6 mp [6].
2v: 1 aum en cada uno de los 6 mp [12].
3v: (1 mp, 1 aum) repitan 6 veces [18].
4v: (2 mp, 1 aum) repitan 6 veces [24].
5v: (3 mp, 1 aum) repitan 6 veces [30].
6v: (4 mp, 1 aum) repitan 6 veces [36].
7v-12v: 1 mp en cada uno de los 36 mp [36].
Corten dejando una hebra larga para coser.
No las rellenen. Aplánenlas antes de coserlas.
Cosan las alas entre las vueltas 31 y 32.

GORRO

(con granate)
1v: Tejan un anillo de 6 mp [6].
2v: 1 aum en cada uno de los 6 mp [12].
3v: (1 mp, 1 aum) repitan 6 veces [18].
4v: (2 mp, 1 aum) repitan 6 veces [24].
5v: (3 mp, 1 aum) repitan 6 veces [30].
6v: (4 mp, 1 aum) repitan 6 veces [36].
7v: (5 mp, 1 aum) repitan 6 veces [42].
8v: (6 mp, 1 aum) repitan 6 veces [48].
9v-11v: 1 mp en cada uno de los 48 mp [48].
12v-14v: 1 mp elástico en cada uno de los 48 p [48].
Corten la hebra y rematen. Hagan un pompón y cósanlo
en la punta del gorro.

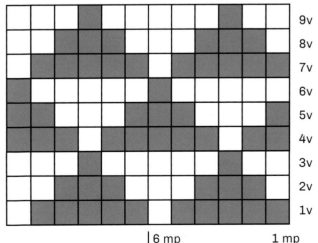

9v
8v
7v
6v
5v
4v
3v
2v
1v

| 6 mp | 1 mp |

Hugo Murciélago

Hugo y su familia son de la India, y prefieren que los llamen "zorros voladores". Hugo trabajó varios años en la oficina de correos y, con el tiempo, se fue enamorando de todos los idiomas que se hablan en su tierra natal; ¡en la India hay cerca de 30 idiomas oficiales! Así que hoy, además de ser cartero, Hugo trabaja como traductor para varias organizaciones sin fines de lucro de todo el mundo.

Realmente disfruta muchísimo al conocer a personas de distintas tierras, con sus diferentes culturas y costumbres, pero, sin importar dónde esté o qué trabajo está haciendo, Hugo no puede comenzar la jornada sin su batido de mango con una buena porción de pan de banana.

NIVEL *

Altura:
29 cm
(orejas incluidas)
Ancho:
50 cm
(con las alas abiertas)

Materiales:
– Hilo de algodón
  mediano en:
  · azul petróleo
  · celeste
  · gris
  · ocre
  · blanco
  · rosa
  · negro
– Aguja de crochet de
  2,75 mm (C-2)
– Ojos de plástico de
  seguridad de 8 mm
– Vellón siliconado

Nota: La cabeza y el cuerpo están tejidos en una sola pieza.

HOCICO

(con azul petróleo)
1v: Tejan un anillo de 6 mp [6].
2v: 1 aum en cada uno de los 6 mp [12].
3v: (1 mp, 1 aum) repitan 6 veces [18].
4v-5v: 1 mp en cada uno de los 18 mp [18].
Corten dejando una hebra larga para coser. Con negro, borden la nariz y la boca. Con blanco, borden los pequeños dientes. Rellenen.

CABEZA Y CUERPO

(con azul petróleo)
1v: Tejan un anillo de 6 mp [6].
2v: 1 aum en cada uno de los 6 mp [12].
3v: (1 mp, 1 aum) repitan 6 veces [18].
4v: (2 mp, 1 aum) repitan 6 veces [24].
5v: (3 mp, 1 aum) repitan 6 veces [30].
6v: (4 mp, 1 aum) repitan 6 veces [36].
7v: (5 mp, 1 aum) repitan 6 veces [42].
8v: (6 mp, 1 aum) repitan 6 veces [48].
9v: (7 mp, 1 aum) repitan 6 veces [54]
10v: (8 mp, 1 aum) repitan 6 veces [60]
11v-20v: 1 mp en cada uno de los 60 mp [60].
21v: (3 mp, 1 dism) repitan 12 veces [48].
22v: (2 mp, 1 dism) repitan 12 veces [36]
23v: (4 mp, 1 dism) repitan 6 veces [30].

Cosan el hocico entre las vueltas 14 y 19, del lado opuesto al inicio de las vueltas. Coloquen los ojos de seguridad entre las vueltas 16 y 17, a 4 mp del hocico. Con rosa, borden los cachetes debajo de los ojos.

24v: (3 mp, 1 dism) repitan 6 veces [24].
25v: 1 mp en cada uno de los 24 mp [24].
Rellenen la cabeza.
26v: (3 mp, 1 aum) repitan 6 veces [30].
27v: (4 mp, 1 aum) repitan 6 veces [36].
28v-31v: 1 mp en cada uno de los 36 mp [36]
32v: (5 mp, 1 aum) repitan 6 veces [42].
33v-48v: 1 mp en cada uno de los 42 mp [42].
49v: (5 mp, 1 dism) repitan 6 veces [36].
50v-51v: 1 mp en cada uno de los 36 mp [36].

PATAS

Dividan el tejido marcando 4 puntos para el espacio central delantero entre las patas, 4 puntos para el espacio trasero y 14 puntos para cada extremidad (acá es muy útil el marcador de puntos).
Unan con 1 mp el último punto para la pata en la parte trasera con el primer punto en la parte delantera (este punto de unión contará como el primer mp de la primera vuelta). Así, los puntos para la primera pata estarán unidos para seguir tejiendo en vueltas. Continúen tejiendo:
52v-56v: 1 mp en cada uno de los 14 mp [14].
Rellenen firmemente el torso y la primera pata.
57v: 7 dism [7].
Corten dejando una hebra larga para cerrar los últimos 7 puntos. Con la aguja de tapicería, pasen por el medio de cada punto y ajusten. Rematen.

Segunda pata
Con azul petróleo, retomen en el quinto punto sin tejer de la espalda en la vuelta 51. Desde este punto, comiencen a tejer la segunda pata.
52v: 1 mp en cada uno de los 14 mp. Al llegar al punto 14, unan con 1 mp al primer punto de la vuelta (el que se hizo al retomar el tejido) [14].
53v-57v: Repitan el patrón de la primera pata.
Terminen de rellenar el cuerpo y la segunda pata.
Con una aguja de tapicería, cierren la separación entre las patas cosiendo los 4 puntos centrales.

BRAZOS

(hagan 2, con azul petróleo)
Los brazos se tejen en dos partes.

Parte larga
1v: Tejan un anillo de 5 mp [5].
2v: 1 mp en cada uno de los 5 mp [5].
3v: 1 aum en cada uno de los 5 mp [10].
Vayan rellenando mientras tejen.
4v-38v: 1 mp en cada uno de los 10 mp [10].
Corten dejando una hebra larga para coser.

Parte corta
1v: Tejan un anillo de 5 mp [5].
2v: 1 mp en cada uno de los 5 mp [5].
3v: 1 aum en cada uno de los 5 mp [10].
Vayan rellenando mientras tejen.
4v-28v: 1 mp en cada uno de los 10 mp [10].
Corten dejando una hebra larga para coser.

ALAS

(hagan 2, con celeste)
Tejan 26 cad. Tejido en hileras, ida y vuelta.
1h: Comiencen en el segundo p cad desde la aguja, 25mp, 1 cad y giren el tejido [25].
2h: 24 mp, 1 aum, 1 cad y giren el tejido [26].
3h: 1 mp en cada uno de los 26 mp, 1 cad y giren [26].
4h: 25 mp, 1 aum, 1 cad y giren [27].
5h: 1 mp en cada uno de los 27 mp, 1 cad y giren [27].
6h: 26 mp, 1 aum, 1 cad y giren [28].
7h: 1 mp en cada uno de los 28 mp, 1 cad y giren [28].
8h: 27 mp, 1 aum, 1 cad y giren [29].
9h: 1 mp en cada uno de los 29 mp, 1 cad y giren [29].
10h: 28 mp, 1 aum, 1 cad y giren [30].
11h: 1 mp en cada uno de los 30 mp, 1 cad y giren [30].
12h: 29 mp, 1 aum, 1 cad y giren [31].
13h: 1 mp en cada uno de los 31 mp, 1 cad y giren [31].
14h: 30 mp, 1 aum, 1 cad y giren [32].
15h: 1 mp en cada uno de los 32 mp, 1 cad y giren [32].
16h: 31 mp, 1 aum, 1 cad y giren [33].
17h: 1 mp en cada uno de los 33 mp, 1 cad y giren [33].
18h: 32 mp, 1 aum, 1 cad y giren [34].
19h: 1 mp en cada uno de los 34 mp, 1 cad y giren [34].

20h: 33 mp, 1 aum, 1 cad y giren [35].
21h: 1 mp en cada uno de los 35 mp, 1 cad y giren [35].
22h: 1 dism, 32 mp, 1 aum, 1 cad y giren [35].
23h: 32 mp, 1 dism, 1 mp, 1 cad y giren [34].
24h: 1 mp, 1 dism, 28 mp, 1 dism, 1 mp, 1 cad y giren [32].
25h: 1 mp, 1 dism, 26 mp, 1 dism, 1 mp, 1 cad y giren [30].
26h: 1 mp, 1 dism, 24 mp, 1 dism, 1 mp, 1 cad y giren [28].
27h: 1 mp, 1 dism, 22 mp, 1 dism, 1 mp, 1 cad y giren [26].
28h: 1 mp, 1 dism, 20 mp, 1 dism, 1 mp, 1 cad y giren [24].
29h: 1 mp, 1 dism, 18 mp, 1 dism, 1 mp, 1 cad y giren [22].
30h: 1 mp, 1 dism, 16 mp, 1 dism, 1 mp, 1 cad y giren [20].
31h: 1 mp, 1 dism, 14 mp, 1 dism, 1 mp, 1 cad y giren [18].

32h: 1 mp, 1 dism, 12 mp, 1 dism, 1 mp, 1 cad y giren [16].
33h: 1 mp, 1 dism, 10 mp, 1 dism, 1 mp, 1 cad y giren [14].
34h: 1 mp, 1 dism, 8 mp, 1 dism, 1 mp, 1 cad y giren [12].
35h: 1 mp, 1 dism, 6 mp, 1 dism, 1 mp, 1 cad y giren [10].
36h: 1 mp, 1 dism, 4 mp, 1 dism, 1 mp, 1 cad y giren [8].
37h: 1 mp, 1 dism, 2 mp, 1 dism, 1 mp, 1 cad y giren [6].
38h: 1 mp, 2 dism, 1 mp, 1 cad y giren [4].
39h: 2 dism, 1 cad y giren [2].
40h: 1 dism [1].
Corten dejando una hebra larga para coserlas a los brazos.

Armado de las alas
Usando la aguja de tapicería, cosan la parte larga del brazo al cuerpo, entre las vueltas 27 y 30.
Cosan la parte más larga del ala a la parte larga del brazo.
Luego, cosan la parte corta del brazo a la parte larga, entre las vueltas 6 y 10.
Cosan el otro lado del ala a la parte corta del brazo y, finalmente, el lado restante del ala al cuerpo.

131

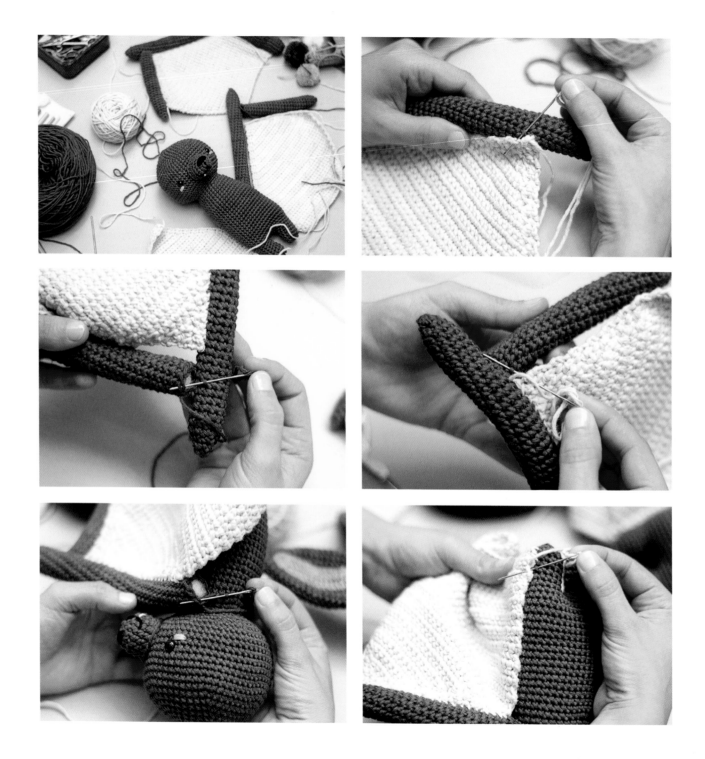

OREJAS

(hagan 2, con azul petróleo)
1v: Tejan un anillo de 5 mp [5].
2v: 1 mp en cada uno de los 5 mp [5].
3v: 1 aum en cada uno de los 5 mp [10].
4v: 1 mp en cada uno de los 10 mp [10].
5v: (1 mp, 1 aum) repitan 5 veces [15].
6v: 1 mp en cada uno de los 15 mp [15].
7v: (2 mp, 1 aum) repitan 5 veces [20].
8v: 1 mp en cada uno de los 20 mp [20].
9v: (3 mp, 1 aum) repitan 5 veces [25].
10v: 1 mp en cada uno de los 25 mp [25].
11v: (4 mp, 1 aum) repitan 5 veces [30].
12v-18v: 1 mp en cada uno de los 30 mp [30].
19v: (4 mp, 1 dism) repitan 5 veces [25].
20v: 1 mp en cada uno de los 25 mp [25].
21v: (3 mp, 1 dism) repitan 5 veces [20].
22v: 1 mp en cada uno de los 20 mp [20].
Corten dejando una hebra larga para coser.
No las rellenen. Aplánenlas.

Interior de la oreja
(hagan 2, con gris)
Tejan 13 cad. Tejan en ambos lados de la cadena base.
1v: Comiencen en el segundo p cad desde la aguja,
1 aum, 10 mp, 3 mp en el último p. Continúen en el
otro lado de la cadena base, 11 mp [26].
2v: 2 aum, 10 mp, 3 aum, 10 mp, 1 aum [32].
Corten dejando una hebra larga para coser. Cosan el
interior de la oreja en el centro de la oreja. Cosan las
orejas entre las vueltas 3 y 12 de la cabeza.

BUFANDA

(con ocre)
Tejan 98 cad. Tejido en hileras, ida y vuelta. Punto
musgo.
1h: Comiencen en el cuarto p cad desde la aguja,
1 mp, (1 cad, saltar 1 p, 1 mp) repitan hasta el final,
2 cad y giren el tejido [92].
2h: Tejan 1 mp en el sig espacio de 1 cad, (1 cad,
1 mp en el espacio entre mp) repitan hasta el final,
terminando con 1 mp en el espacio de las últimas
3 cad al principio de la primera hilera, 2 cad y giren
el tejido.
3h-9h: Tejan 1 mp en el sig espacio de 1 cad,
(1 cad, 1 mp en el espacio entre mp) repitan hasta el
final, terminando con 1 mp en el espacio de 2 cad
al principio de la hilera anterior, 2 cad y giren.
Corten la hebra y rematen. Hagan 6 pompones:
2 en rosa claro, 2 en rosa y 2 en gris. Cosan 3 en
cada punta.

Marcia Alpaca

Marcia nació en el Valle de Patacancha, en el Perú. Es una gran artesana de una comunidad enorme de alpacas y vicuñas. Marcia trabaja todos los días, junto con todos los miembros de su aldea, para asegurarse de que todos tengan un trabajo digno y sustentable. También ha estado estudiando y recopilando información sobre antiguas técnicas de artesanía textil y tejidos de su tierra. Muchísima, pero muchísima información, especialmente si se tiene en cuenta que el Perú tiene la tradición más larga de la producción textil, ¡que data de más de 10.000 años!

NIVEL ***

Altura:
36 cm (de pie, orejas incluidas)

Materiales:
– Hilo de algodón mediano en:
  · mostaza
  · crudo
  · colores a elegir para el aguayo (manta) y decoraciones
– Aguja de crochet de 2,75 mm (C-2)
– Ojos de plástico de seguridad de 10 mm
– Vellón siliconado

Nota: *La cabeza y el cuerpo están tejidos en una sola pieza.*

HOCICO

(con crudo)
1v: Tejan un anillo de 6 mp [6].
2v: 1 aum en cada uno de los 6 mp [12].
3v: (1 mp, 1 aum) repitan 6 veces [18].
4v: (2 mp, 1 aum) repitan 6 veces [24].
5v: (3 mp, 1 aum) repitan 6 veces [30].
6v-9v: 1 mp en cada uno de los 30 mp [30].
Corten dejando una hebra larga para coser.
Con negro, borden la nariz y la boca. Rellenen.

CABEZA Y CUERPO

(con mostaza)
1v: Tejan un anillo de 6 mp [6].
2v: 1 aum en cada uno de los 6 mp [12].
3v: (1 mp, 1 aum) repitan 6 veces [18].
4v: (2 mp, 1 aum) repitan 6 veces [24].
5v: (3 mp, 1 aum) repitan 6 veces [30].
6v: (4 mp, 1 aum) repitan 6 veces [36].
7v: (5 mp, 1 aum) repitan 6 veces [42].
8v: (6 mp, 1 aum) repitan 6 veces [48].
9v: (7 mp, 1 aum) repitan 6 veces [54].
10v-18v: 1 mp en cada uno de los 54 mp [54].
19v: (7 mp, 1 dism) repitan 6 veces [48].
20v: (6 mp, 1 dism) repitan 6 veces [42].
21v: (5 mp, 1 dism) repitan 6 veces [36].
22v: (4 mp, 1 dism) repitan 6 veces [30].

23v: (3 mp, 1 dism) repitan 6 veces [24].

Cosan el hocico entre las vueltas 14 y 22, del lado opuesto al inicio de las vueltas.

Coloquen los ojos de seguridad entre las hileras 16 y 17, a 3 mp del hocico.

Rellenen la cabeza.

24v-37v: 1 mp en cada uno de los 24 mp [24].

Rellenen el cuello firmemente.

38v: Tejan 15 cad. Coloquen el marcador de puntos en el primer punto a continuación, ya que este será el nuevo inicio de vueltas (como esta cadena base es la columna del muñeco, es importante que quede alineada justo a la mitad de la espalda; hagan o deshagan puntos de ser necesario). Tejan sobre la cadena, 1 aum, 13 mp, 1 mp sobre el mp donde inicia la cad base. Continúen sobre el cuello, 24 mp, continuar sobre el otro lado de la cadena, 13 mp, 1 aum [55].

39v: 2 aum, 52 mp, 1 aum [58].

40v: (1 mp, 1 aum) repitan 2 veces, 52 mp, 1 aum, 1 mp [61].

41v: 1 mp, 1 aum, 2 mp, 1 aum, 54 mp, 1 aum, 1 mp [64].

42v: (1 aum, 2 mp) repitan 2 veces, 1 aum, 54 mp, 1 aum, 2 mp [68].

43v-53v: 1 mp en cada uno de los 68 mp [68].

PATAS

Dividan el tejido para hacer las 4 patas de la siguiente manera:

Primera pata trasera

Primero, ubiquen el punto central en la parte trasera del cuerpo de la alpaca (donde estaría la cola). De no encontrarse en ese lugar del trabajo, tejan o destejan hasta llegar a ese punto.

Luego, tejan 2 mp. Coloquen un marcador de puntos en el sig punto. Tejan 11 mp, 7 cad. Unan la última cad y el punto con el marcador haciendo 1 mp (o un p enano).

De esta forma, la pata estará formada por 11 mp en el cuerpo y 7 p cad. Continúen trabajando la primera pata trasera:

1v: 1 mp en cada uno de los 18 p (11 mp en el cuerpo y 7 mp en la cad) [18].

2v-4v: 1 mp en cada uno de los 18 mp [18].

5v: 16 mp, 1 dism [17].

6v: 1 mp en cada uno de los 17 mp [17].

7v: 15 mp, 1 dism [16].

8v: 1 mp en cada uno de los 16 mp [16].

9v: 14 mp, 1 dism [15].

10v-11v: 1 mp en cada uno de los 15 mp [15].

12v: (1 mp, 1 dism) repitan 5 veces [10].

13v: 5 dism [5].

Corten dejando una hebra larga para cerrar los últimos 5 puntos. Con la aguja de tapicería, pasen por el medio de cada punto y ajusten. Rematen.

Primera pata delantera

Cuenten 8 puntos desde la primera pata trasera, hacia la izquierda (la separación entre las patas traseras y delanteras, la panza). Retomen el tejido en el punto 9.

Tejan 11 mp, 7 cad. Unan la última cad y el punto donde se encuentra el marcador haciendo 1 mp (o un p enano).

1v-13v: Repitan el patrón de la primera pata trasera.

Segunda pata delantera

Cuenten 4 puntos desde la primera pata delantera, hacia la izquierda (la separación entre las patas delanteras). Retomen el tejido en el punto 5.

Tejan 11 mp, 7 cad. Unan la última cad y el punto donde se encuentra el marcador haciendo 1 mp (o un p enano).

1v-13v: Repitan el patrón de la primera pata trasera.

Segunda pata trasera

Cuenten 8 puntos desde la segunda pata delantera, hacia la izquierda (el otro lado de la panza). Retomen el tejido en el punto 9.

Tejan 11 mp, 7 cad. Unan la última cad y el punto donde se encuentra el marcador haciendo 1 mp (o un p enano).

1v-13v: Repitan el patrón de la primera pata trasera.

Panza

La panza se hace tejiendo una solapa en cada uno de los dos espacios de 4 puntos entre las patas traseras y delanteras y una solapa en el espacio de 8 puntos a los costados.

Comiencen por el espacio de 8 puntos. Retomen en el primer punto sig a la primera pata trasera. Tejan en hileras horizontales, ida y vuelta.

1h-14h: 1 mp en cada uno de los 8 mp, 1 cad y giren [8]. Corten dejando una hebra larga para coser.

Solapa entre las patas

Para la solapa posterior, retomen en el primer punto sig a la segunda pata trasera. Tejan en hileras horizontales, ida y vuelta.

1h-4h: 1 mp en cada uno de los 4 mp, 1 cad y giren [4]. Corten dejando una hebra larga para coser. Trabajen la solapa frontal de la misma manera.

Armado del cuerpo

Usando la aguja de tapicería, cosan la solapa frontal a ambas patas delanteras y la solapa posterior a ambas patas traseras.

Rellenen firmemente las 4 patas.

Usando la aguja de tapicería, cosan el lado más ancho de la solapa de la panza, punto por punto, al otro lado del cuerpo.

Luego, cosan la solapa de la panza a las patas y las solapas entre ellas, rellenando el cuerpo a medida que cosan.

137

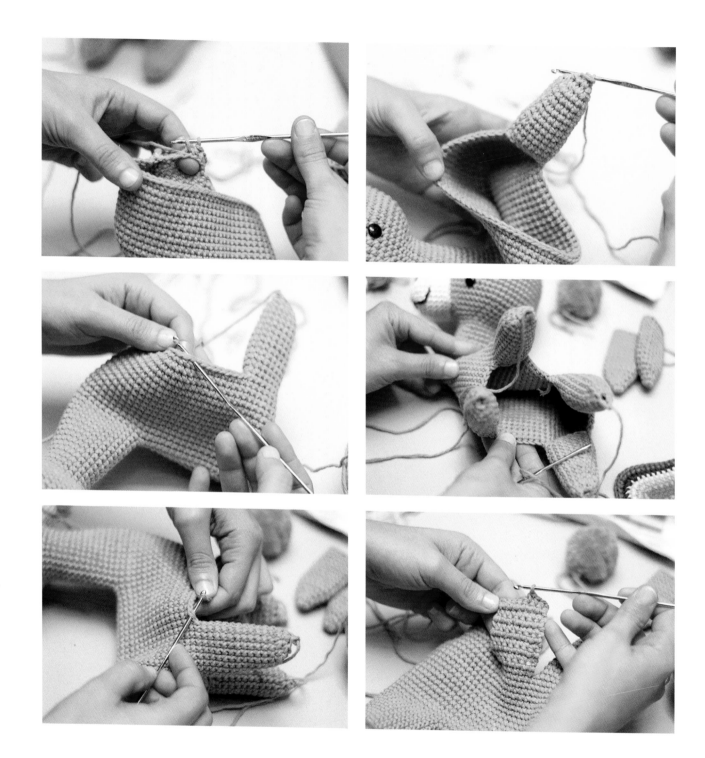

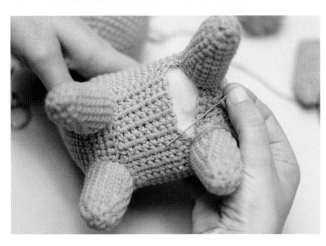

OREJAS

(hagan 2, con mostaza)
1v: Tejan un anillo de 5 mp [5].
2v: 1 mp en cada uno de los 5 mp [5].
3v: 1 aum en cada uno de los 5 mp [10].
4v: 1 mp en cada uno de los 10 mp [10].
5v: (1 mp, 1 aum) repitan 5 veces [15].
6v-15v: 1 mp en cada uno de los 15 mp [15].
Corten dejando una hebra larga para coser.
No las rellenen. Aplanen las orejas
y dóblenlas antes de coser.
Terminen las orejas agregándoles borlas
de colores en la punta.

COLA

(con mostaza)
1v: Tejan un anillo de 5 mp [5].
2v: 1 aum en cada uno de los 5 mp [10].
3v-8v: 1 mp en cada uno de los 10 mp [10].
Corten dejando una hebra larga para coser.
No la rellenen. Aplástenla y cósanla.

COLLAR DE POMPONES

Hagan 7 pompones en diferentes colores.
Con la ayuda de la aguja de tapicería, pasen
una hebra por el centro de cada pompón
para unirlos formando un collar. Coloquen el
collar alrededor del cuello de la alpaca.

AGUAYO (manta)

Versión redondeada (tejido en espiral)
(en colores a elegir)
Tejan 13 cad. Tejan en ambos lados de la cadena
base.
1v: Comiencen en el segundo p cad desde la
aguja, 11 mp, 3 mp en el último p. Continúen en
el otro lado de la cadena base, 10 mp, 1 aum [26].
2v: 1 aum, 10 mp, 3 aum, 10 mp, 2 aum [32].
3v: 2 aum, 11 mp, 2 aum, 1 mp, 2 aum, 11 mp,
2 aum, 1 mp [40].
4v: 1 mp, 2 aum, 13 mp, 2 aum, 3 mp, 2 aum,
13 mp, 2 aum, 2 mp [48].
5v: 2 mp, 2 aum, 14 mp, 2 aum, 6 mp, 2 aum,
14 mp, 2 aum, 4 mp [56].
6v: 2 mp, 2 aum, 18 mp, 2 aum, 6 mp, 2 aum,
18 mp, 2 aum, 4 mp [64].
7v: 1 mp en cada uno de los 64 mp [64].
Corten dejando una hebra larga para coser.
Para terminar, añadan flecos o borlas de
colores a los costados.

Versión rectangular (en hileras)
(en colores a elegir)
Tejan 15 cad. Tejan en hileras horizontales,
ida y vuelta.
1h: Comiencen en el segundo p cad desde la
aguja, 14 mp, 1 cad y giren el tejido [14].
2h-23h: 1 mp en cada uno de los 14 mp,
1 cad y giren [14].
24h: 1 mp en cada uno de los 14 mp [14].
Corten dejando una hebra larga para
coser. Para terminar, añadan flecos
o borlas de colores a los costados.

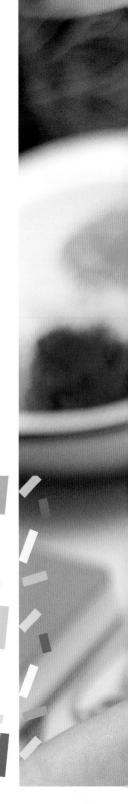

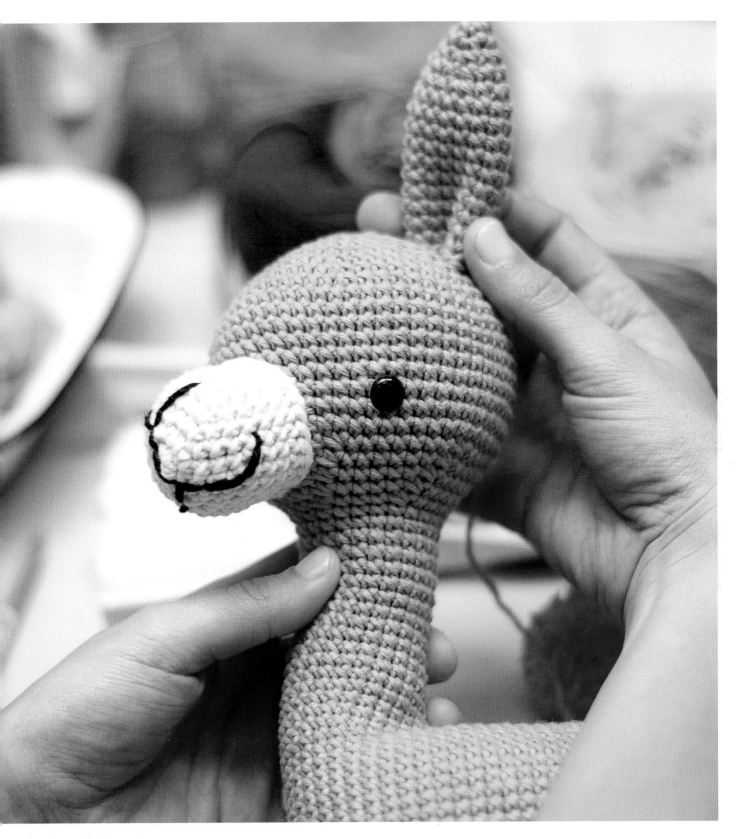

Daniel Jack Russell

Daniel Jack es bibliotecario con maestría en Biblioteconomía. Además, es un gran panadero, conocido por sus panes de masa madre y rollos de canela. De vez en cuando, Daniel trabaja como bartender. Él dice que le gusta porque también puede usar su amada corbata de moño para trabajar.

Pero, dejando de lado las bebidas y los rollos de canela, lo que realmente ama son los libros. No solo por todo el conocimiento que contienen sus páginas, sino por el libro en sí mismo, el objeto físico. A Daniel Jack le gusta tanto el aroma de los libros que puede acertar la fecha de impresión con solo olfatear el papel.

NIVEL ***

Altura:
15 cm (de pie, orejas incluidas)
Largo:
15 cm

Materiales:
– Hilo de algodón mediano en:
  · crudo
  · marrón
  · negro
  · azul
– Aguja de crochet de 2,75 mm (C-2)
– Ojos de plástico de seguridad de 10 mm
– Vellón siliconado

CABEZA

(comiencen con negro)
1v: Tejan un anillo de 6 mp [6].
2v: 1 aum en cada uno de los 6 mp [12].
3v-4v: 1 mp en cada uno de los 12 mp [12].
Cambien a color crudo.
5v: 1 mp en cada uno de los 12 mp [12].
6v: (1 mp, 1 aum) repitan 6 veces [18].
7v: 8 mp, 2 aum, 8 mp [20].
8v: 9 mp, (1 aum, 1 mp) 2 veces, 7 mp [22].
A partir de la sig vuelta, tejan alternando colores (crudo y marrón). El color con el que se trabaja se indica antes entre paréntesis.
9v: (crudo) 10 mp, 1 aum, (marrón) 2 mp, 1 aum, 2 mp, (crudo) 6 mp [24].
10v: (crudo) 7 mp, (1 aum, 1 mp) repitan 2 veces, 1 aum, (marrón) (1 mp, 1 aum) repitan 3 veces, (crudo) 6 mp [30].
11v: (crudo) 15 mp, (marrón) 9 mp, (crudo) 6 mp [30].
12v: (crudo) 8 mp, (1 aum, 2 mp) repitan 2 veces, 1 aum, (marrón) (2 mp, 1 aum) repitan 3 veces, (crudo) 6 mp [36].
13v: (crudo) 18 mp, (marrón) 12 mp, (crudo) 6 mp [36].
14v: (crudo) 9 mp, (1 aum, 3 mp) repitan 2 veces, 1 aum, (marrón) (3 mp, 1 aum) repitan 3 veces, (crudo) 6 mp [42].
15v: (crudo) 21 mp, (marrón) 15 mp, (crudo) 6 mp [42].
16v: (crudo) 20 mp, 1 aum, (marrón) 1 aum, 14 mp, (crudo) 6 mp [44].
17v-18v: (crudo) 22 mp, (marrón) 16 mp, (crudo) 6 mp [44].
Continúen en color crudo.
19v-20v: 1 mp en cada uno de los 44 mp [44].
21v: 20 mp, 2 dism, 20 mp [42].
Coloquen los ojos de seguridad entre las vueltas 13 y 14, con un espacio de 21 puntos entre sí. Con negro, borden la boca.
22v: (5 mp, 1 dism) repitan 6 veces [36].
23v: (4 mp, 1 dism) repitan 6 veces [30].
24v: (3 mp, 1 dism) repitan 6 veces [24].
25v: (2 mp, 1 dism) repitan 6 veces [18].
Rellenen la cabeza.
26v: (1 mp, 1 dism) repitan 6 veces [12].
27v: 6 dism [6].
Corten dejando una hebra larga para cerrar los últimos 6 puntos. Con la aguja de tapicería, pasen por el medio de cada punto y ajusten. Rematen.

CUERPO

(con crudo, se comienza por el cuello)
Tejan 15 cad. Asegúrense de que la cadena no esté torcida y unan ambos extremos con un punto enano. Continúen trabajando en espiral.
1v-2v: 1 mp en cada uno de los 15 p [15].
3v: Tejan 15 cad. Coloquen el marcador de puntos en el primer punto a continuación, ya que será el nuevo inicio de vueltas a partir de ahora. Tejan sobre la cadena, 1 aum, 13 mp, 1 mp sobre el mp donde inicia la cad base. Continúen sobre el cuello, 15 mp y sigan en el otro lado de la cadena, 13 mp, 1 aum [46].
4v: 1 mp, 1 aum, 19 mp, 1 aum, 2 mp, 1 aum, 20 mp, 1 aum [50].
5v: 2 mp, 1 aum, 45 mp, 1 aum, 1 mp [52].
6v: 3 mp, 1 aum, 20 mp, 1 aum, 3 mp, 1 aum, 20 mp, 1 aum, 2 mp [56].
7v: 3 mp, 1 aum, 49 mp, 1 aum, 2 mp [58].
8v: 27 mp, 1 aum, 4 mp, 1 aum, 25 mp [60].
9v-12v: 1 mp en cada uno de los 60 mp [60].

PATAS

Dividan el tejido para hacer las 4 patas de la siguiente manera:

Primera pata trasera
Primero, ubiquen el punto central en la parte trasera del cuerpo del perro (donde estaría la cola). De no encontrarse en ese lugar del trabajo, tejan o destejan hasta llegar a ese punto. Luego, tejan 2 mp.
Coloquen un marcador de puntos en el sig punto. Tejan 9 mp, 6 cad. Unan la última cad y el punto con el marcador haciendo 1 mp (o un p enano).
De esta forma, la pata estará formada por 9 mp en el cuerpo y 6 p cad. Continúen trabajando en la primera pata trasera:
1v: 1 mp en cada uno de los 15 p (9 mp en el cuerpo y 6 mp en la cad) [15].
2v: 1 mp en cada uno de los 15 mp [15].
3v: (3 mp,1 dism) repitan 3 veces [12].
4v: 1 mp en cada uno de los 12 mp [12].
5v: (1 mp,1 dism) repitan 4 veces [8].
6v: 4 dism [4].
Corten dejando una hebra larga para cerrar los últimos 4 puntos. Con la aguja de tapicería, pasen por el medio de cada punto y ajusten. Rematen.

Primera pata delantera
Cuenten 9 puntos desde la primera pata trasera, hacia la izquierda (la separación entre las patas traseras y delanteras, la panza). Retomen el tejido en el punto 10.
Tejan 9 mp, 6 cad. Unan la última cad y el punto donde se encuentra el marcador haciendo 1 mp (o un p enano).
1v-6v: Repitan el patrón de la primera pata trasera.

Segunda pata delantera
Cuenten 3 puntos desde la primera pata delantera, hacia la izquierda (la separación entre las patas delanteras). Retomen el tejido en el punto 4.
Tejan 9 mp, 6 cad. Unan la última cad y el punto donde se encuentra el marcador haciendo 1 mp (o un p enano).
1v-6v: Repitan el patrón de la primera pata trasera.

Segunda pata trasera
Cuenten 9 puntos desde la segunda pata delantera, hacia la izquierda (el otro lado de la panza). Retomen el tejido en el punto 10.
Tejan 9 mp, 6 cad. Unan la última cad y el punto donde se encuentra el marcador haciendo 1 mp (o un p enano).
1v-6v: Repitan el patrón de la primera pata trasera.

Panza

La panza se hace tejiendo una solapa en cada uno de los dos espacios de 3 puntos entre las patas traseras y delanteras y una solapa en el espacio de 9 puntos a los costados.

Comiencen por el espacio de 9 puntos. Retomen en el primer punto sig a la primera pata trasera. Tejan en hileras horizontales, ida y vuelta.

1h-9h: 1 mp en cada uno de los 9 mp, 1 cad y giren [9]. Corten dejando una hebra larga para coser.

Solapa entre las patas

Para la solapa posterior, retomen desde el primer punto sig a la segunda pata trasera. Tejan en hileras horizontales, ida y vuelta.

1h-3h: 1 mp en cada uno de los 3 mp, 1 cad y giren [3]. Corten dejando una hebra larga para coser. Trabajen la solapa frontal de la misma manera.

Armado del cuerpo

Usando la aguja de tapicería, cosan la solapa frontal a ambas patas delanteras y la solapa posterior a ambas patas traseras.

Rellenen firmemente las 4 patas.

Usando la aguja de tapicería, cosan el lado más ancho de la solapa de la panza, punto por punto, al otro lado del cuerpo.

Luego, cosan la solapa de la panza a las patas y las solapas entre ellas, rellenando el cuerpo a medida que cosan.

MANCHAS

(con marrón)
Grande
1v: Tejan un anillo de 6 mp [6].
2v: 1 aum en cada uno de los 6 mp [12].
3v: (1 mp, 1 aum) repitan 6 veces [18].
4v: (2 mp, 1 aum) repitan 6 veces [24].
Corten dejando una hebra larga para coser.

Pequeña
1v: Tejan un anillo de 6 mp [6].
2v: 1 aum en cada uno de los 6 mp [12].
3v: (1 mp, 1 aum) repitan 6 veces [18].
Corten dejando una hebra larga para coser.

OREJAS

(hagan 2, una en negro y otra en crudo)
1v: Tejan un anillo de 5 mp [5].
2v: 1 mp en cada uno de los 5 mp [5].
3v: 1 aum en cada uno de los 5 mp [10].
4v: 1 mp en cada uno de los 10 mp [10].
5v: (1 mp, 1 aum) repitan 5 veces [15].
6v: 1 mp en cada uno de los 15 mp [15].
7v: (2 mp, 1 aum) repitan 5 veces [20].
8v-12v: 1 mp en cada uno de los 20 mp [20].
Corten dejando una hebra larga para coser.
No las rellenen. Aplánenlas antes de coserlas.

CORBATA DE MOÑO

(con azul)
Tejan 32 cad. Asegúrense de que la cadena no esté torcida y unan ambos extremos con un punto enano. Continúen trabajando en espiral.
1v-7v: 1 mp en cada uno de los 32 mp [32].
Corten y rematen.

Cinta del centro

Tejan 13 cad. No las unan.
1h: Comiencen en el segundo p cad desde la aguja, 1 mp en cada uno de los 12 p [12].
Corten dejando una hebra larga para coser.

Cinta del cuello

Tejan 21 cad. No las unan.
1h: Comiencen en el segundo p cad desde la aguja, 1 mp en cada uno de los 20 p [20].
Corten dejando una hebra larga para coser.
Cosan la cinta del centro en el medio del moño. Cosan la cinta del cuello alrededor del cuello del perro. Cosan el moño a la cinta.

COLA

(con negro)
1v: Tejan un anillo de 5 mp [5].
2v-5v: 1 mp en cada uno de los 5 mp [5].
Corten dejando una hebra larga para coser.
No la rellenen.

Robin Unicornio

Nadie sabe exactamente de dónde viene, pero Robin se siente superafortunado y agradecido de haber sido criado con tanto amor por una manada de caballos del Himalaya.
Pero no todos los animales perdidos tienen la misma suerte, así que Robin inventó una aplicación que le permite encontrar a cualquier criatura mitológica, legendaria o única en el mundo, pero solo si quieren ser encontradas. Y como Robin se enriqueció bastante con esta idea, también fundó una organización sin fines de lucro que proporciona hogar y refugio en muchos lugares del planeta para ayudar a cualquier criatura necesitada, mágica o no.

NIVEL ***

Altura:
32 cm (de pie, cuerno incluido)

Materiales:
– Hilo de algodón mediano en:
  · crudo
  · celeste
  · amarillo
  · rosa
– Aguja de crochet de 2,75 mm (C-2)
– Ojos de plástico de seguridad de 12 mm
– Vellón siliconado

CABEZA

(con crudo)
1v: Tejan un anillo de 6 mp [6].
2v: 1 aum en cada uno de los 6 mp [12].
3v: (1 mp, 1 aum) repitan 6 veces [18].
4v: (2 mp, 1 aum) repitan 6 veces [24].
5v: (3 mp, 1 aum) repitan 6 veces [30].
6v-9v: 1 mp en cada uno de los 30 mp [30].
10v: 12 mp, 6 aum, 12 mp [36].
11v: 13 mp, (1 aum, 1 mp) 6 veces, 11 mp [42].
12v: 1 mp en cada uno de los 42 mp [42].
13v: 14 mp, (1 aum, 2 mp) 6 veces, 10 mp [48].
14v-15v: 1 mp en cada uno de los 48 mp [48].
16v: 15 mp, (1 aum, 3 mp) 6 veces, 9 mp [54].
17v-28v: 1 mp en cada uno de los 54 mp [54].
29v: (7 mp, 1 dism) repitan 6 veces [48].
30v: 1 mp en cada uno de los 48 mp [48].
Coloquen los ojos de seguridad entre las vueltas 21 y 22, a una distancia de 26 puntos entre sí.
31v: (6 mp, 1 dism) repitan 6 veces [42].
32v: (5 mp, 1 dism) repitan 6 veces [36].
33v: (4 mp, 1 dism) repitan 6 veces [30].
34v: (3 mp, 1 dism) repitan 6 veces [24].
35v: (2 mp, 1 dism) repitan 6 veces [18].
Rellenen.
36v: (1 mp, 1 dism) repitan 6 veces [12].
37v: 6 dism [6].
Corten dejando una hebra larga para cerrar los últimos 6 puntos.
Con la aguja de tapicería, pasen por el medio de cada punto y ajusten. Rematen.

147

CUERPO

(con crudo, se comienza por el cuello)
Tejan 27 cad. Asegúrense de que la cadena no esté torcida y unan ambos extremos con un punto enano. Continúen trabajando en espiral.

1v-4v: 1 mp en cada uno de los 27 p [27].
5v: Tejan 13 cad. Coloquen el marcador de puntos en el primer punto a continuación, ya que será el nuevo inicio de vueltas a partir de ahora. Tejan sobre la cadena, 1 aum, 11 mp, 1 mp sobre el mp donde inicia la cad base. Continúen sobre el cuello, 27 mp y sigan en el otro lado de la cadena, 11 mp, 1 aum [54].
6v: 2 aum, 50 mp, 2 aum [58]
7v: (1 mp, 1 aum) 2 veces, 51 mp, 1 aum, 1 mp, 1 aum [62]
8v: (2 mp, 1 aum) 2 veces, 52 mp, 1 aum, 2 mp, 1 aum [66]
9v: (2 mp, 1 aum) 3 veces, 50 mp, (1 aum, 2 mp) 2 veces, 1 aum [72]
10v: (17 mp, 1 aum) repitan 4 veces [76].
11v-21v: 1 mp en cada uno de los 76 mp [76].

PATAS

Dividan el tejido para hacer las 4 patas de la siguiente manera:

Primera pata trasera
Primero, ubiquen el punto central en la parte trasera del cuerpo del unicornio (donde estaría la cola). De no encontrarse en ese lugar del trabajo, tejan o destejan hasta llegar a ese punto.
Luego, tejan 2 mp. Coloquen un marcador de puntos en el sig punto. Tejan 12 mp, 8 cad. Unan la última cad y el punto donde se encuentra el marcador haciendo 1 mp (o un p enano).
De esta forma, la pata estará formada por 12 mp en el cuerpo y 8 p cad. Continúen trabajando la primera pata trasera:
1v: 1 mp en cada uno de los 20 p (12 mp en el cuerpo y 8 mp en la cad) [20].
2v-11v: 1 mp en cada uno de los 20 mp [20].
Cambien a color amarillo.
12v-14v: 1 mp en cada uno de los 20 mp [20].
15v: (2 mp, 1 dism) repitan 5 veces [15].
16v: (1 mp, 1 dism) repitan 5 veces [10].
17v: 5 dism [5].

Corten dejando una hebra larga para cerrar los últimos 5 puntos. Con la aguja de tapicería, pasen por el medio de cada punto y ajusten. Rematen.

Primera pata delantera
Cuenten 10 puntos desde la primera pata trasera, hacia la izquierda (la separación entre las patas traseras y delanteras, la panza). Retomen el tejido en el punto 11.
Tejan 12 mp, 8 cad. Unan la última cad y el punto donde se encuentra el marcador haciendo 1 mp (o un p enano).
1v-17v: Repitan el patrón de la primera pata trasera.

Segunda pata delantera
Cuenten 4 puntos desde la primera pata delantera, hacia la izquierda (la separación entre las patas delanteras). Retomen el tejido en el punto 5.
Tejan 12 mp, 8 cad. Unan la última cad y el punto donde se encuentra el marcador haciendo 1 mp (o un p enano).
1v-17v: Repitan el patrón de la primera pata trasera.

Segunda pata trasera
Cuenten 10 puntos desde la segunda pata delantera, hacia la izquierda (el otro lado de la panza). Retomen el tejido en el punto 11.
Tejan 12 mp, 8 cad. Unan la última cad y el punto donde se encuentra el marcador haciendo 1 mp (o un p enano).
1v-17v: Repitan el patrón de la primera pata trasera.

Panza
La panza se hace tejiendo una solapa en cada uno de los dos espacios de 4 puntos entre las patas traseras y delanteras y una solapa en el espacio de 10 puntos a los costados.
Comiencen por el espacio de 10 puntos. Retomen en el primer punto sig a la primera pata trasera. Tejan en hileras horizontales, ida y vuelta.
1h-12h: 1 mp en cada uno de los 10 mp, 1 cad y giren [10].
Corten dejando una hebra larga para coser.

Solapa entre las patas
Para la solapa posterior, retomen desde el primer punto sig a la segunda pata trasera. Tejan en hileras horizontales, ida y vuelta.
1h-5h: 1 mp en cada uno de los 4 mp, 1 cad y giren [4].
Corten dejando una hebra larga para coser. Trabajen la solapa frontal de la misma manera.

Armado del cuerpo
Usando la aguja de tapicería, cosan la solapa frontal a ambas patas delanteras y la solapa posterior a ambas patas traseras.

Rellenen firmemente las 4 patas.

Usando la aguja de tapicería, cosan el lado más ancho de la solapa de la panza, punto por punto, al otro lado del cuerpo.

Luego, cosan la solapa de la panza a las patas y las solapas entre ellas, rellenando el cuerpo a medida que cosan.

CRIN

Primera versión
(con celeste)

Tejan 27 cad. Tejan en ambos lados de la cadena base.

1v: Comiencen en el segundo p cad desde la aguja, 1 aum, 24 mp, 4 mp en el último p. Continúen en el otro lado de la cadena base, 24 mp, 1 aum [56].

2v: 2 aum, 24 mp, 4 aum, 24 mp, 2 aum [64].

3v-6v: 1 mp en cada uno de los 64 mp [64].

Corten dejando una hebra larga para coser. Rellénenla a medida que la cosan a la cabeza.

Segunda versión
(con celeste)

1v: Tejan un anillo de 5 mp [5].

2v: 1 aum en cada uno de los 5 mp [10].

3v: 1 mp en cada uno de los 10 mp [10].

4v: (1 mp, 1 aum) repitan 5 veces [15].

5v: 1 mp en cada uno de los 15 mp [15].

6v: (2 mp, 1 aum) repitan 5 veces [20].

7v-34v: 1 mp en cada uno de los 20 mp [20].

Corten dejando una hebra larga para coser. Rellénenla un poco. Con la aguja de tapicería, cierren el extremo abierto. Cósanla a la cabeza y al cuello del unicornio.

COLA

(con celeste)

1v: Tejan un anillo de 5 mp [5].

2v: 1 aum en cada uno de los 5 mp [10].

3v-4v: 1 mp en cada uno de los 10 mp [10].

5v: (1 mp, 1 aum) repitan 5 veces [15].

6v-7v: 1 mp en cada uno de los 15 mp [15].

8v: (2 mp, 1 aum) repitan 5 veces [20].

9v-34v: 1 mp en cada uno de los 20 mp [20].

Corten dejando una hebra larga para coser. Rellénenla un poquito. Con la aguja de tapicería, cierren el extremo abierto. Enrollen ese extremo y denle unas puntadas para que quede fija. Cosan el otro extremo a la parte trasera del unicornio, entre las vueltas 5 y 14.

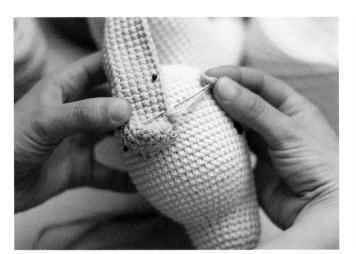

CUERNO

(con amarillo)
1v: Tejan un anillo de 6 mp [6].
2v: 1 mp en cada uno de los 6 mp [6].
3v: (1 mp, 1 aum) repitan 3 veces [9].
4v-5v: 1 mp en cada uno de los 9 mp [9].
6v: (2 mp, 1 aum) repitan 3 veces [12].
7v-8v: 1 mp en cada uno de los 12 mp [12].
9v: (3 mp, 1 aum) repitan 3 veces [15].
10v-11v: 1 mp en cada uno de los 15 mp [15].
12v: (4 mp, 1 aum) repitan 3 veces [18].
13v: 1 mp en cada uno de los 18 mp [18].
Corten dejando una hebra larga para coser.
Rellénenlo un poco. Cósanlo al frente de la crin.

OREJAS

(hagan 2, con crudo)
1v: Tejan un anillo de 5 mp [5].
2v: 1 mp en cada uno de los 5 mp [5].
3v: 1 aum en cada uno de los 5 mp [10].
4v: 1 mp en cada uno de los 10 mp [10].
5v: (1 mp, 1 aum) repitan 5 veces [15].
6v: 1 mp en cada uno de los 15 mp [15].
7v: (2 mp, 1 aum) repitan 5 veces [20].
8v-9v: 1 mp en cada uno de los 20 mp [20].
Corten dejando una hebra larga para coser. No las rellenen. Aplánenlas y dóblenlas antes de coserlas.

CACHETES

(hagan 2, con rosa)
1v: Tejan un anillo de 5 mp [5].
2v: 1 aum en cada uno de los 5 mp [10].
Corten dejando una hebra larga para coser.

ALAS

(hagan 2, con amarillo)
1v: Tejan un anillo de 6 mp [6].
2v: 1 aum en cada uno de los 6 mp [12].
3v: 1 mp en cada uno de los 12 mp [12].
4v: (1 mp, 1 aum) repitan 6 veces [18].
5v-6v: 1 mp en cada uno de los 18 mp.
Dividan el tejido para hacer las 3 plumas, marcando 6 p para cada una.

Pluma pequeña
Tejan 3 mp y unan el último punto al decimoquinto punto de la vuelta anterior haciendo 1 mp.
1v: 1 mp en cada uno de los 6 mp [6].
Corten dejando una hebra larga para cerrar. Con la aguja de tapicería, pasen por el medio de cada punto y ajusten. Rematen.

Pluma mediana
Retomen en el punto a la izquierda de la pluma pequeña. Tejan 3 mp y unan el último punto al tercero a la derecha de la pluma pequeña.
1v-2v: 1 mp en cada uno de los 6 mp [6].
Corten dejando una hebra larga para cerrar. Con la aguja de tapicería, pasen por el medio de cada punto y ajusten. Rematen.

Pluma grande
Retomen en el punto a la izquierda de la pluma mediana.
1v-3v: 1 mp en cada uno de los 6 mp [6].
Corten dejando una hebra larga para cerrar. Con la aguja de tapicería, pasen por el medio de cada punto y ajusten. Rematen.
Cosan las alas a los costados, con la pluma grande hacia arriba.

Por último, borden el ancla.

Gertrudis Dragona

Gertrudis es una reconocida arqueóloga. Viene trabajando en los países nórdicos y en los Balcanes desde siempre, pero jamás va a revelar su verdadera edad. Como todos saben, los dragones pueden vivir siglos y siglos, así que es muy probable que, si investigan un poco, encuentren imágenes de Gertrudis en viejos libros medievales.

Tiene debilidad por la cerámica griega antigua, y estoy casi segura de que conoció personalmente a los ceramistas que la hicieron.

No es de extrañar que los pasatiempos favoritos de Gertrudis sean artesanías relacionadas con el fuego: fabricación de vidrio, orfebrería y, por supuesto, cerámica.

NIVEL ***

Altura:
32 cm (de pie, cuernos incluidos)

Materiales:
– Hilo de algodón
  mediano en:
  · verde palta
  · rosa
  · gris oscuro
  · gris claro
  · negro
– Aguja de crochet de
  2,75 mm (C-2)
– Ojos de plástico de
  seguridad de 10 mm
– Vellón siliconado

CABEZA

(con verde palta)
1v: Tejan un anillo de 6 mp [6].
2v: 1 aum en cada uno de los 6 mp [12].
3v: (1 mp, 1 aum) repitan 6 veces [18].
4v: (2 mp, 1 aum) repitan 6 veces [24].
5v-6v: 1 mp en cada uno de los 24 mp [24].
7v: 8 mp, 1 p mota, 6 mp, 1 p mota, 8 mp [24].
8v: 1 mp en cada uno de los 24 mp [24].
9v: (3 mp, 1 aum) repitan 6 veces [30].
10v-12v: 1 mp en cada uno de los 30 mp [30].
13v: (4 mp, 1 aum) repitan 6 veces [36].
14v-16v: 1 mp en cada uno de los 36 mp [36].
17v: (5 mp, 1 aum) repitan 6 veces [42].
18v-20v: 1 mp en cada uno de los 42 mp [42].
21v: (6 mp, 1 aum) repitan 6 veces [48].
22v-26v: 1 mp en cada uno de los 48 mp [48].
Coloquen los ojos de seguridad entre las vueltas 21 y 22, con un espacio de 21 puntos entre sí. Con hilo negro, borden la boca.
27v: (6 mp, 1 dism) repitan 6 veces [42].
28v: 1 mp en cada uno de los 42 mp [42].
29v: (5 mp, 1 dism) repitan 6 veces [36].
30v: (4 mp, 1 dism) repitan 6 veces [30].
31v: (3 mp, 1 dism) repitan 6 veces [24].
32v: (2 mp, 1 dism) repitan 6 veces [18].
Rellenen.
33v: (1 mp, 1 dism) repitan 6 veces [12].
34v: 6 dism [6].
Corten dejando una hebra larga para cerrar los últimos 6 puntos. Con la aguja de tapicería, pasen por el medio de cada punto y ajusten. Rematen

CUERPO

(con verde palta. Comiencen por el cuello)
Tejan 24 cad. Asegúrense de que la cadena no esté torcida y unan ambos extremos con un punto enano. Continúen trabajando en espiral.
1v-3v: 1 mp en cada uno de los 24 p [24].
4v: (7 mp, 1 aum) repitan 3 veces [27].
5v-7v: 1 mp en cada uno de los 27 mp [27].
8v: (8 mp, 1 aum) repitan 3 veces [30].
9v-13v: 1 mp en cada uno de los 30 mp [30].
14v: Tejan 14 cad al aire. Coloquen el marcador de puntos en el primer punto a continuación, ya que será el nuevo inicio de vueltas a partir de ahora. Tejan sobre la cadena, 13 mp, 1 mp sobre el mp donde inicia la cad base. Continúen sobre el cuello, 30 mp y sigan sobre el otro lado de la cadena, 12 mp, 1 aum [58].
15v: 2 aum, 54 mp, 2 aum [62].
16v: 1 aum, 1 mp, 1 aum, 55 mp, (1 aum, 1 mp) 2 veces [66].
17v: (1mp, 1 aum) 2 veces, 58 mp, (1 aum, 1 mp) 2 veces [70].
18v: (2 mp, 1 aum) 2 veces, 58 mp, [1 aum, 2 mp] 2 veces [74].
19v-28v: 1 mp en cada uno de los 74 mp [74].

PATAS

Dividan el tejido para hacer las 4 patas de la siguiente manera:

Primera pata trasera

Primero, ubiquen el punto central en la parte trasera del cuerpo de la dragona (donde estaría la cola). De no encontrarse en ese lugar del trabajo, tejan o destejan hasta llegar a ese punto.
Luego, tejan 2 mp. Coloquen un marcador de puntos en el sig punto.
Tejan 10 mp, 8 cad. Unan la última cad y el punto donde se encuentra el marcador haciendo 1 mp (o un p enano).
De esta forma, la pata estará formada por 10 mp en el cuerpo y 8 p cad. Continúen trabajando la primera pata trasera:
1v: 1 mp en cada uno de los 18 p (10 mp en el cuerpo y 8 mp en la cad) [18].

2v-15v: 1 mp en cada uno de los 18 mp [18].
16v: 6 mp, (1 p mota, 1 mp) repitan 2 veces, 1 p mota, 7 mp [18].
Asegúrense que los p mota queden para fuera (son los dedos de la pata).
17v: Tejan tomando solo la hebra trasera, (1 mp, 1 dism) repitan 6 veces [12].
18v: 6 dism [6].
Corten dejando una hebra larga para cerrar los últimos 6 puntos. Con la aguja de tapicería, pasen por el medio de cada punto y ajusten. Rematen.

Primera pata delantera

Cuenten 13 puntos desde la primera pata trasera, hacia la izquierda (estos puntos son la separación entre las patas traseras y delanteras, la panza). Retomen el tejido en el punto 14.
Tejan 10 mp, 8 cad. Unan la última cad y el punto donde se encuentra el marcador haciendo 1 mp (o un p enano).
1v-15v: Repitan el patrón de la primera pata trasera.
16v: 9 mp, (1 p mota, 1 mp) repitan 2 veces, 1 p mota, 4 mp [18].
17v-18v: Repitan el patrón de la primera pata trasera.

Segunda pata delantera

Cuenten 4 puntos desde la primera pata delantera, hacia la izquierda (estos puntos son la separación entre las patas delanteras). Retomen el tejido en el punto 5.
Tejan 10 mp, 8 cad. Unan la última cad y el punto donde se encuentra el marcador haciendo 1 mp (o un p enano).
1v-15v: Repitan el patrón de la primera pata trasera.
16v: 4 mp, (1 p mota, 1 mp) repitan 2 veces, 1 p mota, 9 mp [18].
17v-18v: Repitan el patrón de la primera pata trasera.

Segunda pata trasera

Cuenten 13 puntos desde la primera pata trasera, hacia la izquierda (estos puntos son la separación entre las patas traseras y delanteras, la panza). Retomen el tejido en el punto 14.
Tejan 10 mp, 8 cad. Unan la última cad y el punto donde se encuentra el marcador haciendo 1 mp (o un p enano).
1v-15v: Repitan el patrón de la primera pata trasera.
16v: 6 mp, (1 p mota, 1 mp) repitan 2 veces, 1 p mota, 7 mp [18].
17v-18v: Repitan el patrón de la primera pata trasera.

Panza

La panza se hace tejiendo una solapa en cada uno de los dos espacios de 4 puntos entre las patas traseras y delanteras y una solapa en el espacio de 13 puntos a los costados. Comiencen por el espacio de 13 puntos. Retomen en el primer punto sig a la primera pata trasera. Tejan en hileras horizontales, ida y vuelta.

1h-12h: 1 mp en cada uno de los 13 mp, 1 cad y giren [13]. Corten dejando una hebra larga para coser.

Solapa entre las patas

Para la solapa posterior, retomen desde el primer punto sig a la segunda pata trasera. Tejan en hileras horizontales, ida y vuelta.

1h-5h: 1 mp en cada uno de los 4 mp, 1 cad y giren [4]. Corten dejando una hebra larga para coser. Trabajen la solapa frontal de la misma manera.

Armado del cuerpo

Usando la aguja de tapicería, cosan la solapa frontal a ambas patas delanteras y la solapa posterior a ambas patas traseras.

Rellenen firmemente las 4 patas.

Usando la aguja de tapicería, cosan el lado más ancho de la solapa de la panza, punto por punto, al otro lado del cuerpo.

Luego, cosan la solapa de la panza a las patas y las solapas entre ellas, rellenando el cuerpo a medida que cosan.

COLA

(con verde palta)
1v: Tejan un anillo de 6 mp [6].
2v: 1 mp en cada uno de los 6 mp [6].
3v: (1 mp, 1 aum) repitan 3 veces [9].
4v-6v: 1 mp en cada uno de los 9 mp [9].
7v: (2 mp, 1 aum) repitan 3 veces [12].
8v-10v: 1 mp en cada uno de los 12 mp [12].
11v: (3 mp, 1 aum) repitan 3 veces [15].
12v-14v: 1 mp en cada uno de los 15 mp [15].
15v: (4 mp, 1 aum) repitan 3 veces [18].
16v-18v: 1 mp en cada uno de los 18 mp [18].
19v: (5 mp, 1 aum) repitan 3 veces [21].
20v-22v: 1 mp en cada uno de los 21 mp [21].
23v: (6 mp, 1 aum) repitan 3 veces [24].
24v-26v: 1 mp en cada uno de los 24 mp [24].
27v: (7 mp, 1 aum) repitan 3 veces [27].
28v-30v: 1 mp en cada uno de los 27 mp [27].
31v: (8 mp, 1 aum) repitan 3 veces [30].
32v-34v: 1 mp en cada uno de los 30 mp [30].

35v: (9 mp, 1 aum) repitan 3 veces [33].
36v-38v: 1 mp en cada uno de los 33 mp [33].
39v: (10 mp, 1 aum) repitan 3 veces [36].
40v-42v: 1 mp en cada uno de los 36 mp [36].
43v: (11 mp, 1 aum) repitan 3 veces [39].
44v-46v: 1 mp en cada uno de los 39 mp [39].
Corten dejando una hebra larga para coser. Rellénenla. Cosan entre las vueltas 14 y 27.

OREJAS

(hagan 2, con verde palta)
1v: Tejan un anillo de 5 mp [5].
2v: 1 mp en cada uno de los 5 mp [5].
3v: 1 aum en cada uno de los 5 mp [10].
4v-5v: 1 mp en cada uno de los 10 mp [10].
6v: (1 mp, 1 aum) repitan 5 veces [15].
7v-8v: 1 mp en cada uno de los 15 mp [15].
9v: (2 mp, 1 aum) repitan 5 veces [20].
10v-20v: 1 mp en cada uno de los 20 mp [20].
Corten dejando una hebra larga para coser. No las rellenen. Aplánenlas y dóblenlas antes de coserlas.

CUERNOS

(hagan 2, con gris oscuro)
1v: Tejan un anillo de 6 mp [6].
2v: 1 mp en cada uno de los 6 mp [6].
3v: (1 mp, 1 aum) repitan 3 veces [9].
4v-12v: 1 mp en cada uno de los 9 mp [9].
Corten dejando una hebra larga para coser. Rellenen un poquito. Cósanlos al lado de las orejas.

ALAS

(hagan 2, con gris claro)
1v: Tejan un anillo de 6 mp [6].
2v: 1 aum en cada uno de los 6 mp [12].
3v: 1 mp en cada uno de los 12 mp [12].
4v: (1 mp, 1 aum) repitan 6 veces [18].
5v-6v: 1 mp en cada uno de los 18 mp [18].
7v: (2 mp, 1 aum) repitan 6 veces [24].
8v-9v: 1 mp en cada uno de los 24 mp [24].
10v: (3 mp, 1 aum) repitan 6 veces [30].
11v: 1 mp en cada uno de los 30 mp [30].
Dividan el tejido para hacer las 3 plumas, marcando 10 puntos para cada una.

Pluma pequeña
Tejan 5 mp y unan el último punto al vigesimoquinto punto de la vuelta anterior con 1 mp.
1v-3v: 1 mp en cada uno de los 10 mp [10].
4v: 5 dism [5].
Corten dejando una hebra larga para cerrar. Con la aguja de tapicería, pasen por el medio de cada punto y ajusten. Rematen.

Pluma mediana
Retomen en el punto a la izquierda de la pluma pequeña. Tejan 5 mp y unan el último punto al quinto a la derecha de la pluma pequeña.
1v-5v: 1 mp en cada uno de los 10 mp [10].
6v: 5 dism [5].
Corten dejando una hebra larga para cerrar. Con la aguja de tapicería, pasen por el medio de cada punto y ajusten. Rematen.

Pluma grande
Retomen en el punto a la izquierda de la pluma mediana.
1v-7v: 1 mp en cada uno de los 10 mp [10].
8v: 5 dism [5].
Corten dejando una hebra larga para cerrar. Con la aguja de tapicería, pasen por el medio de cada punto y ajusten. Rematen. Cosan las alas a los costados, con la pluma grande hacia arriba.

PINCHOS

Pequeños
(tejan 13 con rosa)
1v: Tejan un anillo de 5 mp [5].
2v: 1 mp en cada uno de los 5 mp [5].
Corten dejando una hebra larga para coser.
No los rellenen. Aplánenlos antes de coserlos.

Grandes
(tejan 8 con rosa)
1v: Tejan un anillo de 5 mp [5].
2v: 1 mp en cada uno de los 5 mp [5].
3v: 1 aum en cada uno de los 5 mp [10].
Corten dejando una hebra larga para coser.
No los rellenen. Aplánenlos antes de coserlos.
Con la aguja de tapicería, tejan los pinchos grandes al cuello, al cuerpo y al comienzo de la cola. Completen cosiendo los pinchos pequeños hasta el final de la cola y en la parte superior y detrás de la cabeza.

AGRADECIMIENTOS

A mi familia, por estar siempre a mi lado mientras hacía malabares para concretar esta increíble locura de escribir un nuevo libro.

A las editoras y revisoras que probaron y me ayudaron a mejorar los patrones.

A mi suegro, Ángel, por prestarme la cámara que usé para tomar todas las fotografías.

A Luna y María, por dejarme usar su precioso espacio y mesas de madera para mis fotos.

A Coqui y Bosque Estudio, por escuchar y convertir mis ideas en hermosas páginas.

Y, por último, pero no menos importante, gracias a todos ustedes, los que siguen mis ridículos posts en las redes sociales, leen sobre mis decepciones, soportan mis quejas y festejan mis logros y alegrías. Ustedes son los que hicieron posible este segundo libro. Gracias por permitirme el lujo de tener este maravilloso trabajo: imaginar, diseñar y dar vida a estas extrañas criaturas.

Un millón de veces, gracias.